自分と夫を嫌いにならない思考術

LOVE 自分育て

バブリーたまみ／著
ドーリー／イラストレーション

自由国民社

はじめに

「お母さんバイバイ！」

8歳の私と10歳の姉は2人で母親を見送りました。
笑顔でバイバイと手を振って車が見えなくなるまで手を振りました。
また当たり前のように帰ってくると思って。

でも当たり前じゃなかった。
その日以降、母親が帰ってくることはありませんでした。

「私は捨てられたんだ」と母親への怒り・憎しみ・悲しみを抱えたまま大人になりました。

■私は呪われました

そんな幼少期を過ごし、私も母親になりました。
するとたくさんの呪いを自分にかけ始めたんです。

母親なんだから！　母親はこうあるべき！　母親だからしっかりしないと！

「あんな母親には絶対なりたくない」という一心で、立派な母親になりたくて頑張りました。

でも頑張っても、虚しくなるだけでした。

自分のできてないところだけが目につき減点法で自分を扱いました。

家族が増えたのに何故か孤独で苦しかった。

息子と2人っきりになると恐怖からか吐き気に襲われるようになり、そして「こんな私が母親じゃないほうがこの子は幸せなんじゃないか」と思うように。

夫婦仲も最悪で親友とも絶縁してしまいました。

そんな時にふと当時の母親のことが頭によぎったんです。

もしかしたら当時の母親も孤独だったんじゃないかなって。

子育てで一番大事なこと

私は今、ママ界のエンターテイナー　バブリーたまみとして、「ママの笑顔がいちばん」というメッセージを歌やＳＮＳで届けています。
すべては幼少期の経験が原動力になっていると思います。

自分を犠牲にしすぎた子育てはいつか孤独に押しつぶされ限界がくる。
子どもはそのままでいい。
大事なのはママの幸福度だと。

誰かが決めた立派なお母さんとか、世間的に見て良いお母さんではなくて、
ママが笑顔でいること、
ママが幸せでいてくれること、
それが子どもたちにとっての最高の心の栄養だと思います。

〝子どもは親を苦しめるために生まれてきたんじゃない〟と考えています。

ママである自分自身を大事にすることが子育てで一番大事であることを伝えるために活動をしています。

■夫と一緒に子育てをすることに悩むママたちへ

さて…前置きが長くなりましたが、改めてこの本を手にとっていただき、ありがとうございます！

きっとこの本を手にとっているということは、夫にイライラしてしまって子育てが辛くなり、自分自身を否定しながら子育てをしているママなのかなと思います。

大丈夫です。私もですから(笑)

私はバブリーたまみとしての活動をはじめて5年になりました。

これまで2000人以上のママの相談にのってきました。

そしたら共通点があったんです。

子育ての相談だと思って話を聞いていたら、蓋を開けてみれば「人間（子ども）を育てるという超難題を1人っきりで抱えていた」ということでした。

そう…ほとんどが深堀をしたら夫婦仲に問題があったんです。

そして私自身も子育てをして思いました…。

子育てで一番大変だったのは、子どもを育てるというよりも他人(夫)と共通の人物(子ども)を育てることだったのです。

性別も違う、育ってきた環境も何もかもが違う相手と、共通の人物である我が子を育てることはこんなに難しいことなのかと…。まじで知らんがな！ってことだらけでした。

■本書を読む時に大事にしてほしいこと

私は今3歳と7歳の男の子を育てています。こういった本を書くと、もう100%夫婦仲がうまくいっているのかな？　と思われるかもしれませんが、それは違います！

どんなことよりも夫婦仲が一番難しいし、なんなら昨日も喧嘩しました（笑）

決して上から「夫婦仲が良くなったので教えます」という立場から書いているのではな

く、今でも「本気で夫婦仲が難しい…クソが！」と思う時も全然あって、なんなら心の中はモラハラヒステリックこじらせ女ですよ(笑)

そんな奴が書いていると思ってください。

いやそんな奴だからこそこの本が書けたのかなと思います。

でもね。自分のことを、夫のことを嫌いになるために子どもを産んだんじゃない。どうせ結婚して子育てするんだったら、私は夫と一緒に子育てをしたかったんです。

だから模索して自分自身の考え方を少しずつ変えていった結果、夫婦仲も以前よりも良くなって自分自身もラクになれたという話をここではしています。

ただ波はあるので、今でも良い時も悪い時もある。

そんなもんです。

本書では、父母学級では絶対教えてくれないリアルな夫婦の葛藤が描かれています。

6組の夫婦がでてきますが、どれも過去に相談にのったママたちのリアルな声とそしてある日の私達です。もしかしたらあなたにも当てはまる夫婦がでてくるかもしれません。

1話　地雷発言する夫に苦しむ専業主婦の呪いにかかっている妻
2話　干渉してくる姑の間をとりもとうとしない夫とガルガル期の妻
3話　本音が妻に言えない夫と夫に当たり散らしている呪われたモラハラ妻
4話　協力的ではあるが解決脳の夫とずっと何か満たされない他人軸妻
5話　2人目を妊娠中で、どこか他人事の夫と被害者意識でこじらせている妻
6話　楽観的すぎる夫と完璧主義で自分を責めて子育てしている育児ノイローゼ妻

それぞれ色んな悩みを抱いた夫婦が、バブリーたまみが主催している「これが本当の父母学級」にきて、私と面談をしながら呪いや思い込み、パートナーへの期待やうっぷんを告白し、2人が少しでもラクになる考え方を赤裸々に対話形式で伝えています。

ぜひ父母学級では教えてくれない「本当の父母学級」をお楽しみください♡

どうせなら喜怒哀楽そのまんま感情移入して読んでみてください。

そしてね。すべて完璧に読んで、完璧にやらないと！　なんて思わなくていい。

それ普通にしんどい。イチロー選手だって打率は3割！　この本を本当に楽しむためには完璧を目指すのではなく、3割を目指してください。子育てもね☆

きっと読み終わる頃には、「もう少し私は私を大事に扱ってあげよう」「そのままの私をまずは受け入れてあげよう」「私も頑張ってるし、夫も頑張ってたのかもしれないな」と自分の考え方一つで見える景色が変わることが分かると思います！

さぁ「これが本当の父母学級」バブたまワールドへいってらっしゃい！

そして、気をつけて帰ってきてね♡

目次

第1話

夫婦は愛しあうただの他人

第2話

嫁と姑混ぜるな危険！頑張れ中間管理職

第3話 夫はずっと耐えられるサンドバッグじゃない

第4話

その呪い手放せ！他人じゃないあなたがどうありたいか

第5話

戦場だよ！これが本当の産前産後のトリセツ

第6話
子育ては自分を嫌いにならないが10割

本書の構成

●各話はじめのマンガ

1〜6話の冒頭にマンガを載せました。夫婦がどういったきっかけでこじれてしまうのか、私たち夫婦の経験やフォロワーさんからいただいた実話をもとに構成しています。

●会話ストーリー

バブリーたまみとこじらせ夫婦が会話をし、それぞれのリアルな本音やうっぷんを吐き出し、少しでも心がラクになる思考術を会話形式でお届けします。

●コラム・嫌いにならない思考術これな！

1〜6話の各話の最後にまとめとして、入れています。ギュッとまとめを見たい時にご覧ください。部屋に貼ったり、自分の好きなまとめはお守りにしてくれるとうれしいな♡

本書のマークについて

●ラインを付けている言葉・呪いワード

①世間体を気にして、本来の自分の心を無視した言葉。「普通は、〇〇」や「みんな〇〇するから」などの考え方から出てしまいがちな言葉。②他者との比較をしてしまって発せられる言葉やママの心を傷つける言葉。③「〇〇すべき」や「〇〇のくせに」といった相手や自分を苦しめてしまう言葉。

●【〇〇】

本書のキーワード。

●色付きの文章

夫婦関係を改善していき、自分を呪いからラクにしてあげるための重要な考え方や言葉。めっちゃ大事なポイントです!!

第1話

夫婦は愛しあうただの他人

地雷踏みっぱなし夫編

登場人物

たかし

えみ

まる

友人家族と我が家でホームパーティー
えみは羨ましいなぁ！パパさんイクメンで！
うちのところもみならってほしいわ～～!!
いやぁこんなの普通でしょ？
え～！イクメン～！
すご～い
いいな～
ポンッ
まぁいつもこんな感じじゃないけどね…
うちの人ず～っとスマホ…
いっしょだ～(笑)
ムッ
おじゃましました～
またね～
さっきの何だよ!!
…人の前だけ子育てしてますアピールやめてくれない？
ウザイんだけど…
グッ

はぁ!?
稼いできてるの
俺だぞ!!つか
俺子育てやってる方
だと思うけど!?
…はいはい
もういいよ
えみが専業主婦
になるって決めたんだろ?
じゃあ交代する?
俺より稼げるの?
……
俺に求めすぎ!!
何がそんなに
不満?
……
ずっと不満そうに
されているこっちの
身にもなれよ!!
そうやって
黙り込まれると
何考えてるか
分からないんだよ
毎日必死で
働いてるのに…
稼いでくることが
俺の役目だろ?
家にずっといるだけで
楽してるのは
えみの方だろ!!!
もう
いいよ!!!

私が何言っても無駄でしょ？
私からしたらたかしは子育てしてるとは思えないけど!!
もういいです!! 私さえ我慢すればいいですから
稼いできても不満そうにされスキンシップはかってても断られ!!
普通なら捨てられてるぞお前!!!
ウェッ
ウェ～～ッ
ビェ～～ッエ～
ウェ～ビャ～ア～
こんな状況で体求めてくるほうがおかしいでしょ…
捨てる…？
ママ～ママ～
ウエ～ッエ～ッ

こっちが捨ててやる…
カチャ
ハァーッ
バタンッ
ううぅっ…
うーっ
うっ…
これが本当の…
・これが本当の父母学級!!!
バブたま
駆け込みの
父母学級
ENTER
父母学級…？

えみはたかしに詳細は言わずに、巷で少し話題になっているある場所に連れて行った。

その場所とは別名【夫婦の駆け込み寺】といわれている。

見た目はちょっと薄気味悪いセンスがない建物。昼間からネオンが光っている。

どう見ても怪しい…。「もうここしかない！」という気持ちで、えみはたかしの手を引っ張って扉を開いた。

するとバブリーで派手な格好の女がそこに立っていた。

夫婦に当たり前なんて存在しない

たまみ

おっ！　きましたか！　えみさんですよね？　こんにちは。どうぞこちらにお座りください。

えみ

こんにちは。今日はよろしくお願いします。

たかし

!?（誰だよこいつ、…）

たまみ

今日は旦那さんも来ていただきありがとうございます。「これが本当の父母学級」を主催しております、バブリーたまみ、といいます。子育て夫婦の悩みにお答えしています。ちょっと口が悪いところはありますが、よろしくお願いします。プロフィールは拝見しましたので、さっそくですがお話をお聞かせください。

えみ

はい…。あの…。はじめての子育てでうまくいかなくて、言葉にうまくできないのですが…あの…、なんかすごく孤独を感じてしまって…えっと…。

たまみ

えみさん。今日はせっかくわざわざここまで来たんです！　言葉は選ばずにストレートに言っちゃっていいですよ。感情的になっても大丈夫。たかしさんの目を気にしなくていいです。全部出しちゃってください！

たかし

ここはなんですか？　説教されにきたってわけですか!?　えみ！　帰るぞ！

えみ

…帰らない。

たかし

俺は帰る！

えみ

ほら！　そうやっていつも自分の都合が悪くなったら逃げる！　子育ても。全部私に丸投げ…。友達が来た時だけ、子育てしてますアピールして「**イクメン**」とか言われて喜んでんじゃないわよ。本当キモイ！

たかし

おい…よく言えるな？　**俺は働いてんだぞ？**　お前に感謝の気持ちはないのかよ!?

たまみ

いいですね～。どんどん続けてください。はい次えみちゃん！

えみ

えっと…。たかしは…。私と違って俺は働いてるから偉い！　って言いたいんでしょ？

たかし

そりゃそうだろ？　俺が働いたお金で生活できてるんだから。偉いか偉くないかで言ったら偉いだろ。子育てしたい！　って言ったのはえみだろ？　えみの気持ちを尊重して**子育てさせてあげてる**のに、毎日帰ってきてムスっとされる俺の身にもなってみろよ。

えみ

もういい！　そういうところがすべて無理なの！

たかし

じゃあ日中何してるの？　可愛いまると一緒にいて何がそんなに不満？　**子育てしてるだけじゃん**。他のママさん見てみろよ。働きながら子育てしてるママもいるぞ？　あと俺は子育ても丸投げしてない。ちゃんと**手伝ってる**。

えみ

…たまみさん…。もういいです…。この人無理です…。変わらないです…。私が仕事辞めたのがいけなかったんです…。連れてきてしまってすみません。

たまみ

謝らなくていいですよ。２人の話を聞いていて思ったんですが…。たかしさん、本当にすごいですね！

たかし

ありがとうございます。そうなんですよ。ちゃんとやってるんです。

たまみ

いやー、すごいですよ。本当に。ここまで地雷ばっかり踏めるのは逆にすごいです！　ママになって夫に言われて傷つくワードがこの数分でたくさん出てきました。天才です。たくさんお話ししたいっすね～！

えみ

…ぶっはははっはは！（笑）　たまみさん分かってくれますか？　うちの旦那、話にならないでしょ？

たまみ

いや。話になりますよ。むしろ２人ともお互いのことを愛しあってるんだな、と思いました。２人とも必死に「夫婦だから当たり前　合戦」をしているんですね。大好きなんですね。安心しました。

たかし
えみ

えっ⁉

たまみ

えみちゃん申し訳ないですが、別室でお待ちください。ちょっとたかしさんと2人でお話がしたいです。

地雷を踏みまくるのは無知だから

たまみ

たかしさん。さっきは失礼いたしました。そして今日は来てくれて本当にありがとうございます。

たかし

正直…、何故ここに連れてこられたのかも意味が分かりません。

たまみ

そうですよね。意味不明で大丈夫ですよ。たかしさんのお話をじっくり聞きたいと思って、ちょっとえみさんには席を外してもらいました。正直働くのもめちゃくちゃ大変ですよ

ね！

たかし

そうなんです。稼いでるのは僕なんですよ。なのに何故いつもアイツはムスっとしているのかが本当に分からなくて。こんなに頑張って働いてるのに。働かなくていいアイツが、正直羨ましいです。

たまみ

たかしさんは、えみさんが何故ムスっとしているか知りたいですか？　実はとてつもなくシンプルなんです。

たかし

知りたいというか……まぁ……。

たまみ

えみさんは自分の頑張りをたかしさんに認めてほしいだけなんです。とってもシンプルで

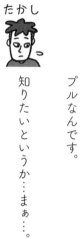

しょ？　実はくっそ簡単なんです。他の人じゃないあなたに。あなたとの子どもを育てている頑張りを知ってほしい、認めてほしいんです。えみさんはたかしさんのことが大好きなんです。

たかし

感謝するってことですか？　……ありきたりですね。そんなことではないと思いますよ？

たまみ

いいえ。承認に飢えてるんです。子育ては誰も評価してくれませんからね。たかしさんのことを愛しているからこそ、あなたに気づいてほしい。感謝されて、たかしさんから大事にされているって実感したいんです。ただそれだけです。めちゃくちゃ簡単なんです。

たかし

でも毎日ムスっとされて、どうやって感謝しろと？

たまみ

分かります。以前私が大きな仕事で出張に行った時に、夫がムスっとして「いってらっしゃい」の一言もなかったんですよ。本当「クソが！」って思いました（笑）すごくむかつ

いたし、悲しくなりました。こっちは仕事なのにって。だからすごく分かります。たかしさんも笑顔で送り出されたいし、迎えられたいですよね。

たかし

えみが感謝してくれるなら、僕もできるかもしれませんが、感謝もされてないのになんで俺から？　って正直思いますね。ましてや**子どもを産んだなら、育てるのは当たり前**。それに感謝を求めるってどうなんだろうと思いますけどね。

たまみ

たかしさん言いますね〜。えみさんは子育てをして当たり前…。そしたらたかしさんは仕事をして当たり前ですね。あなたが家族のために働くって決めたんですから。

たかし

…それはちょっと違うかと。

たまみ

そうかな？「自分が決断をしたことは当たり前にやる。だから感謝をしない」となると、お互い産むのも自分で決めたことだし、働くことも自分で決めたことだから当たり前。感謝されなくてもいいってことですね。今お互いに感謝の気持ちがないこの状況がベターっ

てことになりますね♡

たかし

いや…働くのは、お金が発生しているので感謝されるべきかと。

たまみ

ほら！　たかしさんも感謝されたいんじゃん（笑）ちょっと分かりやすく仕事の例でたとえますね。

承認されない仕事なんてやってらんねーんだわ

たまみ

失礼ですが…。たかしさんは、仕事で成果を出していますか？

たかし

まぁ、それなりにですけど。一応営業のチームリーダーをしています。

たまみ

すごいじゃないですか！　営業をされてるんですね。

たかし

はい。法人向けの営業をしてます。

たまみ

営業先にいったら緊張しそうですね…。きっと一生懸命働いて成果を上げていると思いますが、もし自分が考えた企画が通った時って嬉しくないですか？

たかし

そりゃ嬉しいですよ。

たまみ

でも、もし企画が通り、プロジェクトは成功したのにも関わらず、たかしさんの一番認めてほしいと思う上司がスルーして、「それくらいして当たり前だ。もっと頑張れ」と言ったらどう思いますか？

たかし

…まぁムッとはしますけど…仕方ないですよね、仕事だから。

たまみ

ではどちらが、たかしさんは嬉しいですか？　頑張って成功したのをみて「そんなの当たり前だ」という上司と「よく頑張った！　君を抜擢して本当に良かった。ありがとう！」という上司。どちらの方が仕事のモチベーション上がりますか？

たかし

それは…。「君を抜擢して良かった」と言われた方が、嬉しいですよ。

たまみ

そうですよね。どんなに頑張っても当たり前！　当たり前！　当たり前！　と言われるとやってらんないですよね。ちなみにチームの後輩たちにも「そんなのやって当たり前だ」とか言います？

たかし

言わないようにしてますね。昔は厳しく言ってた時期もありましたが、それじゃチームの成績が上がらなかったので、改善は求めますが、責めたり、焦らせるようなことは言わないようにしました。まぁ仕事ですからお給料もらってる以上ちゃんとやりますよ。

たまみ

当たり前を押し付けられない方が、自分も部下もパフォーマンスが上がるということですよね？

たかし

まぁそうですね。仕事の場合は！

たまみ

えみちゃんの場合はどうでしょうか？

たかし

…アイツの場合は…。

たまみ

えみちゃんはどんなに頑張っても、当たり前を押し付けられてるんですよ。1年半も。これ仕事だったら、もう退職してるでしょうね？　いや労基だな。私そんな会社だったら辞めてるな（笑）

たかし

僕が言ってるのは仕事の話です。子育てとは違います！

たまみ

何が違うの？　「働くこと」「人間を育てること」やってることが違うだけで頑張ってるのはたかしさんもえみちゃんも同じだと思うよ？　家で働いてますから。えみちゃんの仕事は会議もない、お昼休憩もない、ほめてくれる人もいない、あっ！　いたとしても「そんなの当たり前」と言われるんだ（笑）

対戦相手になるために夫婦になったわけじゃない

たかし

だから仕事と一緒にしないでください！　稼ぐことがどれだけ大変か、僕の方が大変で

す！

たまみ

どっちが大変か論争をしていては一生終わりません。どっちも大変なんです。立場と役割が違うだけ。そこに上と下をつけるから、争ってしまうんです。「子育て大変」ってよく聞くと思いますが、漠然としてるんですよね。だからあまりイメージがつかない。

たかし

僕はそこまで大変だと思いませんけどね？

たまみ

ちなみにこちらはえみちゃんが、お家という会社でやったタスクリストです。えみちゃんにお願いして、すべて書いてきてもらいました。

たかし

ふーん。

たまみ

たかしさんはどうしてもえみちゃんのことを認めたくないんですね（笑）自分が優位に立

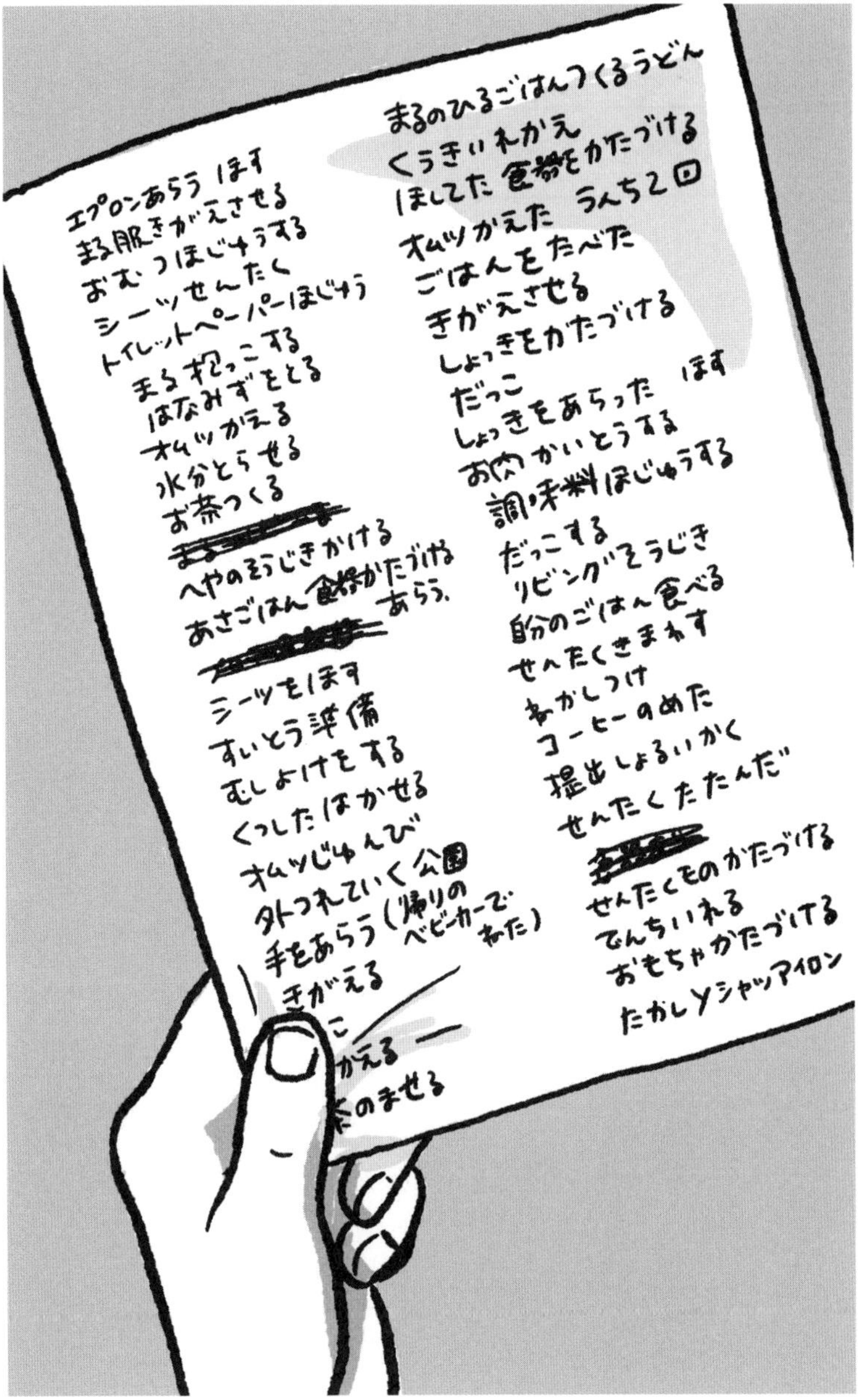
まるのひるごはんつくるうどん
くうきいれかえ
ほしてた食器をかたづける
うんち2回
オムツかえた
ごはんをたべた
きがえさせる
しょっきをかたづける
だっこ
しょっきをあらった ほす
お肉かいとうする
調味料ほじゅうする
だっこする
リビングそうじき
自分のごはん食べる
せんたくきまわす
ねかしつけ
コーヒーのめた
提出しょるいかく
せんたくたたんだ
せんたくものかたづける
でんちいれる
おもちゃかたづける
たかしYシャツアイロン
エプロンあらう ほす
まる服きがえさせる
おむつほじゅうする
シーツせんたく
トイレットペーパーほじゅう
まる抱っこする
はなみずをとる
オムツかえる
水分とらせる
お茶つくる
へやのそうじきかける
あさごはん食器かたづける あらう
シーツをほす
すいとう準備
むしよけをする
くつしたはかせる
オムツじゅんび
外つれていく公園
手をあらう（帰りのベビーカーでねた）
きがえる
こ
かえる
のませる

ちたいから、えみちゃんのことを認めるのが、怖いんですね。ちなみにそれたったの5時間くらいでできたことです。その後はもうメモすらできなかったと謝られました。

たかし

…でも！　アイツは俺のことを立てようともしないんですよ。**普通、妻は夫を立ててなんぼ**じゃないですか…。

たまみ

自分で立ちなよ。立たせてもらうなんてち○こかよ（笑）

たかし

へ？

たまみ

たかしさんを責めたくて言っているわけではないです。たかしさんも頑張ってる。そしてえみちゃんも頑張っている。本当にそれだけのことなんです。当たり前と押し付けられてパフォーマンスが上がるわけないんですよ。仕事も子育ても。当たり前なんて存在しないんです。

たかし

…。

たまみ

当たり前が前提になると夫婦はこじれます。今まさにそうですよね？　家庭というチームが「当たり前　押し付け合戦」をし、一番の味方であるはずのパートナーがいつのまにか対戦相手になっている。

たかし

そうですね。いつのまにか敵になってます。

たまみ

本当は一番の味方なのにね。たかしはえみちゃんのこと大事？

たかし

（あれ？　なんで呼び捨て…）まぁ…大事ですけど…。正直**専業主婦のくせに**求めすぎだとは思いますね。

たまみ

たかしさんの営業には営業事務の方がついてますか？

たかし …ついてますね。事務等の作業は営業事務の方がやってくれます。

たまみ いないと困りませんか？

たかし まぁ困りますね。

たまみ 営業事務の方は直接会社の利益を出したりはしない。でもいないと困る存在ですよね？ 働くあなたのサポートをしますから。あなたが営業活動に専念できるように。えみちゃんも同じです。家庭でのお金という意味での利益は上げてないかもしれないけど、実際えみちゃんがいなかったら、たかしも今と同じように働けない。まるちゃんのお世話は？ 送迎や身の回りのことすべてするんですよ？ 自分だけで。

たかし

まぁ同じように働くのは無理でしょうね。

たまみ

偉いとか上とか下とかではなく、役割が違うだけなんです。たかしさん。大丈夫です。あなたはえみちゃんを認めたとしても、あなたは頑張ってるしすごいです。そしてえみちゃんはあなたのことが大好きです。好きじゃなかったらこんなところ連れてこないです。だからこそあなたに「当たり前」を押し付けられるのではなく、認めてほしいんですよ。「頑張ってるね。いつもありがとう」の言葉を待ってるんです。あなたからの承認に飢えてる。ただそれだけなんです。

たかし

僕が仕事で認められたら嬉しいようにってことですよね。

たまみ

そうです。戦略的に当たり前を捨てて、専業主婦という檻に入れた彼女ではなく、1人の人として彼女を見てあげてください。たかしがチームの人に声をかけるように。えみちゃんは敵じゃない。対戦相手じゃないんです。大丈夫です。きっとそれでたかしにとってい

い方向に進みます。もっとお家でも過ごしやすくなります。自分のためにも無意味な「当たり前　押し付け合戦」から降りましょう。

夫に馬鹿にされない自分になる【心の自立】

たまみ

えみちゃんお待たせしました！　たかしとしっかり話をしました♡

えみ

え？　なんか知らない間に2人仲良くなってません（笑）？　2人で何を話したんですか？

たまみ

それはたかしから後で聞いて♡　さぁ次はえみちゃんに伝えたいことがあります「心の自立」について話しますね。さっそくですが…えみちゃん！　もっと堂々としな。

えみ

堂々とする？　何にですか？

たまみ

今の自分にだよ。

えみ

え？　…今の私？　**子育てしかしてないのに…？**

たまみ

でた！　えみちゃんがそう思ってたら、そりゃたかしもそう思うわ。たかしを目の前にして申し訳ないけど。いい？　あなたはたかしの一部分ではない。そして馬鹿にされる筋合いなんてないんだよ。

えみ

そうかもしれないですけど…。なんか子育てしかしてないと分からなくなります。

たまみ

その気持ちも分かる。毎日同じことの繰り返しだし、社会とつながりが持てなくて自分の価値が自分でも分からなくなるよね。ただね、本人がそう思って自分を尊敬すらしてなくて、「相手に馬鹿にされたくない」は無理。馬鹿にしてくるのもアホかって話だけど、馬

鹿にされない自分でいることも大事だよ。

えみ

グサグサきますね…。馬鹿にされたくはないけど、一番は私が私自身を馬鹿にしてしまっているのかもしれません。

たまみ

うん。あのね。結婚したかもしれないけど、あまりに雑な扱いを受けたり、馬鹿にされたりしたら、「いつだって私は自分1人で生きていけるのよ」ってくらい堂々としていいんだよ。

たかし

え？……。

たまみ

ね？　ヒヤっとするでしょ（笑）？　安心して！　離婚を勧めているわけではない。たかしに質問です。「私はこの人がいないと生活できない専業主婦だから…」といって夫の機嫌を取り、顔色をうかがい続ける妻と、「いつだって私は1人で生きていけるのよ？　そんな雑な扱いを私にしてもいいの？」って堂々としている妻。たかしは、どっちが「ちゃ

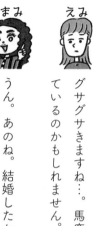

んとしないとな」って思う？

たかし

そりゃ後者ですかね。

たまみ

安心は与えていいけど、でも「大事にされず、雑に扱われ、馬鹿にされるならこっちも容赦しないよ？」っていう心のスタンスを持っているかどうか。まずは自分が馬鹿にされない自分でいること。毎日毎日家族が生きていくために必死に色んなことを我慢しながらも子育てしていて、なんで馬鹿にされないといけないの？　偉業だよ。堂々としな！

えみ

はい。まずは私の中の「**子育てしかしていない**」を捨てないとですね。

たまみ

そう。少しずつでいい。馬鹿にされる筋合いないし、自分も自分自身を馬鹿にしない。ママであっても妻であっても「自分自身」がどうありたいのか。夫には感謝してるし、いないと寂しいけど、「あなたがいなくても私は1人で生きていける人間である」と、【心の自立】を相手に見せることで相手も扱いが変わります。そのためにはまず自分が自分の扱い方を変えていこう。

えみ

分かりました…。どこからはじめたらいいのでしょうか？

依存するな、共存しろ

たまみ

馬鹿にされない自分になるための大事なことをまとめます。一つでもいいので意識してみてください♡

①互いのテリトリーに侵入しないし、侵入させない

一定の距離感って夫婦でもすごく大事。夫がイメージつく範囲の自分ではなく「最近のえみはなんか楽しそうだけどどうしたんだろう？」ってくらいお互いがそれぞれの自分だけのテリトリーやサードプレイス（家でもない会社でもない居心地のいい第三の場所のこと）を持つこと。すべて共有しなくていい。知らないことがお互いあるくらいがちょっとミステリアスでいい♡

②自分の幸せを夫にゆだねない

私のこと幸せにしてよ！　あなたの役目でしょ？　ではなく。あなたといると幸せ。でもごめん、私1人でも楽しいんだよね！　自分の機嫌は自分で取れますよ。夫が不機嫌であることは自分の感情とは関係ない。自分の人生に集中することができる自分でいる。

③依存先の分散

自分の人生脚本が夫と子どもだけになってしまうと、どうしても夫に依存してしまう。人間は弱い生き物だから依存してしまうけれど、それが大きすぎるとお互い負担になる。家庭以外での自分の好きなことや別の居場所を作って依存先を分散する。

④今の自分で堂々とする

強くなろうとする必要はない。今の自分だって馬鹿にされる筋合いなんてどこにもない。あなたを馬鹿にもしないし、私も馬鹿にされる筋合いない。役割が違うだけ。
堂々と大事に自分を扱ってあげる。

依存はしすぎない。共に足りない所は補い合って、それぞれ一定距離を保ちながら共存していきましょう。

まぁざっくりいうとこんな感じです！

えみ

なるほど…難しそう…。

たまみ

100%を目指さなくてもいいです。完璧は無理。まずは意識して「こんなことを自分のためにはじめてみよう」とか「夫は知らない自分がワクワクすることを探してみよう」でもいい。どんな自分であっても堂々としていい。えみちゃんは家族にとって大事な大事な1人。まずは自分を馬鹿になんてしないであげてね。

たかし

なんか離れていってしまいそうですね。

たまみ

ね？　たかし怖くなっちゃったでしょ♡？　でもね、それくらいでいいのよ。夫婦に当たり前なんて存在しないから。雑に扱いすぎてたら壊れることもあるくらいの危機感をどこかで持っている方がうまくいったりする。愛しあうただの他人だからね。

前戯は日常生活から

たまみ

さぁ最後にセックスについて話しましょう！　もう時間も限られてますので、単刀直入にセックスの話をしましょう。

たかし

あなたは一体何を言ってるんですか？（笑）

たまみ

何を言ってるって。セックスだよ。たかしが一番欲っしとることやろ？

たかし　…。

たまみ　大事なことですよ。さてえみちゃんはたかしからの誘いを拒んでしまうということですが、たかしは何故なのか考えたことありますか？

たかし　考えたことないですけど…。

たまみ　それではえみちゃんから聞こうかな。自分の中でどういう理由で断ることが多い？

えみ　なんというか…、体だけ求めてきて…、都合良すぎるというか。

たまみ

あー分かります。なんでその時だけ求めてくんねん!? 私は性欲処理機ですか？ みたいな（笑）

たかし

ちょっとそれは言い過ぎでしょう？ 俺はただえみとスキンシップを取りたいと思ってるだけです。夫婦の会話も子どもができて少なくなったからこそ、そういうのは大事だと僕は思ってます。

えみ

はい？ 夫婦の会話もないし、会話があっても毎日**「専業主婦はいいよな」「子育てしかしてない」**とか言われてそんな気持ちになるわけないでしょ？

たかし

それは…。

たまみ

そこに関しては、さっきたかしと2人でじっくり話をしたので、きっとたかしも言い過ぎた部分があったと思ってくれていると思います。ちょっと分かりやすい例を出しますね！

えみ

お願いします。

たまみ

例えばたかしを毎日いびってくる嫌な上司がいたとします。ほめてもくれない認めてもくれない、怒ってばっかり、そんな上司から定期的に「酒飲みに行こう」といわれたら…心から行きたいと思いますか？　たかし、その酒はおいしいですかね？

たかし

まぁ…心から行きたいとは思わないでしょうね。付き合いでは行きますが。

たまみ

それと同じなんですよ。そんな奴とはおいしい酒なんて飲めないんです。でも一緒にプロジェクトを頑張ってきた仲間と仕事も成功した！「よし！　打ち上げで飲みに行こう！」この酒はおいしくないですか？

たかし

そうですね。おいしいですね…。

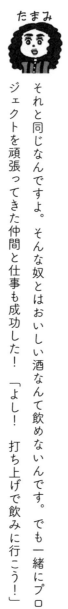

たまみ

それとまったく同じだよ。酒も普段の仕事の人間関係で「おいしい・おいしくない」があるように、セックスだって日常生活の関係がでてくるんです。認めてもくれない怒ってばかりの相手とセックスしたって気持ち良くもなんともないんだよね。

たかし

…。

たまみ

たかし。もう分かってるよね。前戯は日常生活からなんです。テクニックとかじゃない。日常生活で一緒に子育てして、労い合って「私は大事にされてるな」って実感があってはじめて濡れるんです。普段の生活でどれだけたかしが前戯をしてくれるか。余裕がないとセックスしたいなんて思えない。前戯なしで挿入されるのと一緒。心が痛いんです。「愛されてはじめて愛したい」っていう余裕が生まれるんですよね。

えみ

もうたまみさん…そうなんです。余裕がないんです…。

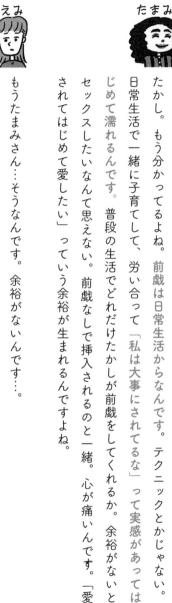

たまみ

きっとたかしも断られて傷ついたと思います。「なんで俺は家族のために働いてるのに」って。俺も頑張ってるのに分かってくれない。私も頑張ってるのに分かってくれない。平行線になってるんですよね。これじゃあ一生終わらない。えみさん。大丈夫。たかしさんはもうあなたのことを馬鹿にした発言はしませんよ。

えみ

え？　そうなんですか？

たまみ

はい。夫婦だからそれくらいして当たり前でしょ？　って思うのではなく、夫婦だからこそ当たり前のことなんて存在しない。たかしが悪者とかではなく、たかしは知らなかっただけです。彼は彼で一生懸命頑張っています。それをえみちゃんも認めてあげましょう。声に出して。夫婦だからこそ認めあうことを言葉で伝えないと分からないんです。

えみ

たかしは頑張ってる…。私もたかしが働くのは当たり前のことだと思っていました。言葉にして認めあうことって大切ですね…。

たまみ

どうしても一緒にいると分からなくなってしまいますよね。我が家もです（笑）そして最後に。これからは夫vs妻ではなく、夫妻vs課題と意識して話し合いをしてみてください。2人が対戦相手になり戦うための話し合いではなく、「私たち2人がうまくいってないのは何が問題なんだろう」と意識してみてください。何が問題なのか、どんな環境になってる？　何が足りないのか。お互いの労い？　睡眠？　1人時間？　笑顔のおかえりなさい？　まずやれることからやっていきましょう。2人のどっちが悪いかではなく、その問題をどう解決するかをゴールに話しあうんです。

たかし

どんなことに注意すればいいでしょうか？　また地雷踏みそう…。

たまみ

「なんで？」「どうして？」という言葉を使うと相手を批判しているように聞こえる。問題は相手ではなく目に見ない課題であることを意識して、「何がそうさせた？」「どうしたらいいかな？」というように相手と課題をしっかりと切り離して質問をする。そして世間がどう思うかではなく、2人でだした答えがすべて。2人で一緒に課題が何かを知り、どうしていくかを話しあう。対戦相手ではなく味方としてね。

許すことで、認めることで夫婦はつながりあえる

たまみ
今日はありがとうございました。ぜひこの後のお話も読んでいただき少しでも参考にしていただければと思います。

えみ
？　…はい…、今日はありがとうございました♡　たかしともう一度話し合ってみます。

たまみ
はい。何かのキッカケになれたら嬉しいです。たかしとえみが2人で一緒に幸せそうに過ごしているその姿が、どんな教育よりも、まるちゃんにとって一番の幸せを感じることだということを忘れないでください。

えみ
本当にそうですね。まるにとっても絶対その方がいいですね…。

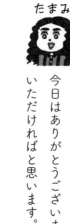

たまみ

そしてたかしさん。あなたは大丈夫です。とっても優しい人です。私はあなたを一番応援してますよ。夫婦に当たり前は存在しないことを忘れずに!! またいつでも来てください。えみちゃん、たかしさんありがとうございました。

たかし

…ありがとうございました。

〜帰り道〜

えみ

ねぇたかし。たまみさんと何話したの？ 私の気持ち分かってくれた!?

たかし

…えみ…、俺は……。ずっとえみを傷つけてきた…。俺はこんなに頑張ってるのにって自分のことしか見えてなかった。えみも頑張っていたことなんか想像もしていなかった。いや目をそらしてたのかもしれない。

えみ

え…。

たかし

俺も認めてほしかった。えみから。でもいつも冷たくされて、どうしていいか分からなかった。だから「俺は偉い」って威張って認めてほしかった。えみがやってくれてたことがすべて当たり前に感じていた。妻だから当然だって。俺も必死だった。…ごめん…。

えみ

えぇ泣いてるの!?……。たかし…、私の方こそごめん…。私の頑張りを分かってほしかっただけなの。これからはお互い許し合って、認め合って一緒に子育てしていきたい。たかしと。

数年振りに2人は手をつないだ。そして涙を拭きながら笑い合い帰っていった。

嫌いにならない思考術これな

夫婦の当たり前を排除せよ!

- ☑ 自分に対しても夫に対しても「これくらいして当たり前」なことなんて一つもない
当たり前を押し付けると家族みんなこじれるよ
- ☑ 話し合いは、夫vs妻ではなく、夫婦vs課題を意識していこう
- ☑ 馬鹿にされない自分でいるために【心の自立】大事だよ
- ☑ 夫婦に上と下をつくるとこじれるよ。役割が違うだけ
- ☑ 自分が言われたい言葉はまずは自分から。相手の頑張りを認める言葉を声に出して伝えていこう

第2話

嫁と姑混ぜるな危険！
頑張れ中間管理職

孫フィーバー姑編

登場人物

かずひろ

まい

せつこ

りん

生後すぐ…
ヌッ…
まいさん!!
産んでくれてありがとう!!
ザワッ
あ～ウレシイ～!!
グイ
グイ
産後自宅…
ピンポーン
え？荷物かな？
ピンポーン
お…お義母さん!?

ちょっとりんちゃんのお顔みたくて♡近くよったもんだから～♡
入るわね!!
え…っ!?
ドカドカ
アラ～!!
りんちゃん♡
かわいいでちゅね～～♡
おっぱい飲ませてもらったかな？
まいさん母乳の調子はどう？
バァ～!
あ…はい
母乳は出てます…
あの…今寝たばかりで
母乳でちゃんと育てないとね♡
は～っかわいいっ♡小さい頃のかずひろとそっくり～♡
フェッ
ひょいっ
触るな触るな!!
早く去れ!!!
ギャアーッ
まあ～元気♡

部屋…
ちらかってるわね～
……
フギャ～
ギャ～
ちょっと私が掃除
してあげるわね!!
えっ
グイッ
ウェ～
いやいや!! 大丈夫
ですよ!!! お義母さん
自分でやるので!!
いいのよ!!
かずひろも外で
お仕事がんばってるから
綺麗なお家に帰って
きたいでしょうし
可哀想よ
かずひろも
りんちゃんも
まいさん
頑張りがたりないわ
お母さんなんだから
もっと頑張らないとね♥

その日の夜・・・・
かずくん お義母さんのこと なんだけど
アポなしで急にくるの やめてもらえない？ もう何回目⁉ ちゃんと連絡して!!!
うん わかった〜 言っとくわ〜
勝手に抱っこしたり 勝手に掃除したり もう本当に やめてほしいの!!
ハァ・・・・ まいは気にしすぎだよ お母さんも 悪気なんてないのに
今日なんて 部屋が汚いからりんと かずひろが可哀想って 言われたんだよ？
もう りんの事も 一生触って ほしくない!!!
あのさ〜 子供が生まれる前は 仲良しだったじゃん
掃除してくれて ラッキーじゃん！

お義母さんの発言も行動もりんに対する目線も…すべて嫌なの!! 気持ち悪いの!!!
オイ!! 人の親に向かって気持ち悪いはないだろ!?
とにかく!!!
次アポなしでお義母さんが来たら私がこの家を出るから!!!
モウ無理!!
ストンッ
はいはいわかりました! 伝えときます!
あなたにラストチャンスあげる
わっ!
バッ
これが本当の…
これが本当の…!
父母学級
バブたま
これが本当の父母学級!
こんなんにオススメ!
父母学級…?

たまみ　こんにちは、まいさん待ってましたよ。旦那さんも一緒に来ていただき、ありがとうございます。どうぞこちらにお座りください。

まい　よろしくお願いします。こちらは夫のかずひろです。

かずひろ　こんにちは…（まい正気か!?…）。

たまみ　旦那さん緊張していますね。大丈夫ですよ。どう見ても怪しく見えるけれど怪しいものではありません（笑）それではお2人のお話、お聞かせください。

世にも恐ろしいガルガル期

まい　私が妊娠してから、お義母さんの言動がとても気に障るようになってしまいました。発言

一つ一つがとても気に障ってしまいます。生理的に無理というか…。申し訳ない気持ちもあるんですけど、どうしても無理で…。私がおかしいのでしょうか？

たまみ

具体的に嫌だったことを教えてもらってもいいですか？

まい

あげだしたらキリがないのですが…。例えば妊娠中に、勝手に好みじゃない赤ちゃんの服を大量に持ってきたり…。泣いて抱っこしたら「抱き癖がついちゃうわよ！」って言われたり、必要としてないのに子育てのノウハウ本をプレゼントされたり、口を開けば「白湯！　白湯！　白湯！」のオンパレードで、あとお宮参りも勝手に計画されたり、「ある程度泣かせないと肺が強くならない！」とか言われて。でも泣かせてたら「**かわいそう**」とか言われて。あと果汁！　果汁が…。

たまみ

ＯＫ！　まいさんＯＫです！　なるほどですね…、かずひろさんはこれを聞いて正直なところどう思いますか？

かずひろ

僕は…。嫁姑問題というのもよく聞く話ですから覚悟はしていました。けど…、妻はちょっと異常に**気にしすぎている**と思います。結婚当初は仲良かったんですよ。ただ、特に子どもが生まれてから母のことを毛嫌いするようになりました。母も悪気はないんです。僕らのことを考えてくれているだけなんです。

たまみ

なるほど…悪気はないということですが、まいさんは今後そんなお義母さんを受け入れることはできそうですか？

まい

ちょっと今は考えられないです。かずひろは仲良かったといいますが、最初からグイグイ言われるのはきつかったです。仲良くするしかないので、我慢してきました。でも前はまだ許せていたことも、今は許せないというか。とにかくもう無理なんです…。

かずひろ

でも自分の親はいいんだろ？　おかしくないか？

たまみ

かずひろさんにとっては大事なご両親ですよね。ちなみにお義母さんからの連絡はいつも誰にくるんでしょうか？

まい

子どものことは私に連絡がきます。夫に頼んでも結局適当に連絡して、何も解決したことはありませんから。たまみさん。やはり私がおかしいのでしょうか？

たまみ

いいえ。まったくおかしくないですよ。むしろ正常運転してるって感じです♡　自分をほめてあげてください！

まい

え？　そうなんですか！

かずひろ

いやいや…、人の親を無理とかいうのが、正常ということですか？　うちの親は僕らのことを思ってやってくれてるんですよ？

たまみ

はい。正常運転です。私も普通にありましたから。しかも**良かれと思って**やられることが、一番タチが悪いんですよね。断れませんからね。

まい

そうなんです。断れないんです！　だから本当にタチが悪いんです！　良かった〜。私がおかしいのかと思ってました…。

たまみ

今から話すことはすごく大事なことなので、しっかり2人とも聞いてください。これを知ってるか知らないかで大きく変わってきます。今まいさんは多分**【ガルガル期】**ではないかと思われます。

ガルガル期とは

出産後に働く母性本能の一つでホルモンの変動が影響でイライラしたり気性が荒くなったり攻撃的な態度をとったりしてしまう時期のことを指します。動物が出産後に威嚇をして赤ちゃんを守ろうとする防衛本能から連想してガルガル期と呼ばれるようになりました。医学的にはガルガル期という呼び方はないそうです。ちなみに私は2人の子どもがいますが、どちらも産後がっつりガルガル期がありました。ガルガルする対象は1人目と2人目で違いました。出産後1年すぎくらいまで続きました（人によって違う）。辛かったな〜。

たまみ

私が相談にのったママさんたちも、義理の両親や実親や夫に対して攻撃的になってしまう

というケースはとても多かったです。そしてこれは周りも辛いのですが本人が一番辛いです。ずっとイライラしてしまうからです。些細な言葉ですら毎回カチンときてしまう。そして自己嫌悪になり、そんな自分なんてダメだと自己否定がはじまるんです。

かずひろ

たまみさんはそう言いますが、**僕の職場のママさんたちにそんな人はいませんよ？** みんな楽しそうに仕事と子育てを両立しています。両親とも仲良くしている人ばかりです。僕はまいがちょっと気にしすぎだと思います。女同士なのになんで仲良くできないのか…。母はただ孫ができて喜んで…。

まい

もうかずくんは、マザコンすぎる！　なんで私の気持ち分かってくれないの!?

たまみ

かずひろさんの気持ちは分かりますが、職場では多くの方がそんな一面を見せてないだけだと思いますよ。「私は今ガルガルしてま～す！」なんてわざわざオフィスの中で公言する人なんていません。でも母である誰もが、あの産前・産後に自分がコントロールできないくらいの何かに襲われたことはあるかと思います。**表ではキラキラしているあの人も、裏では泣いている、怒っていることがほとんどです。**

かずひろ

そんな風には見えないけどな…。

たまみ

そんな風に見せないようにするんですよ。私も見せないようにインスタグラムではキラキラしてましたから（笑）まいさんに質問ですが、姑さんがりんちゃんを可愛がっているとモヤついたり、触らないでほしいとか思ってしまったりしますか？

まい

正直なところ…ありますね……。お義母さんがいない時ですら「お義母さんが次こうしたらどうしよう！」とか勝手に想像して、本当にイライラしてしまいます。たまみさんもそんな時ありましたか？

たまみ

もちろんありましたよ！　その対象になっている人から、「可愛い♡」と言われるだけでも嫌でしたね。抱っこされるなんて見るに堪えなかったです。赤ちゃんを捕られるんじゃないかってガルガルして見張ってましたよ（笑）本当に寝不足とホルモンバランスって恐ろしいですよ。

まい

分かりすぎます…。

たまみ

それは赤ちゃんを外敵から守ろうとしている一つの本能であることを忘れないでください。それを自分の人格や性格が悪いと思ってしまうと苦しくなる。そうじゃなくてまいちゃんは、今一生懸命本能むき出しで赤ちゃんを守ろうとして攻撃的になってしまっている**〝正常な反応〟**だと知ってください。産後すぐのメスライオンが、赤ちゃんを守ろうと殺気だってますよね？　それと同じで私たち人間も必死で赤ちゃんを守ろうと、干渉してくる人、寄り添ってくれない人、清潔でない人、非協力的な人などを敵だとみなし攻撃的になる。そうやって赤ちゃんを守ろうとしてるんです。**まいちゃんの性格や人格ではなく、そういう時期だということを2人はまず知ってください。**ただ周りがそれを理解せずに、今後も

ずっと寄り添ったり配慮しないと、俗にいう**産後クライシスで離婚のケースにまでいたることも珍しくないです。**

かずひろ

りっ離婚!?　こんなことで?

たまみ

はい。産後にこういったホルモンバランスの乱れや寝不足で攻撃的になったり情緒不安定になったりすることが、生理現象として起こることをお互い知らず、人格否定に走ってママは「**あなたは何も分かってくれない!　私だって頑張ってるのに!!**」そしてパパは「**お前はおかしい!!　気にしすぎだ!!　なんでお前はこんなに変わったんだ**」とぶつかりあって離婚するケースは少なくないです。**無知って本当に怖いんですよ。**

かずひろ

ガルガル期…。検索してみたらたしかに結構でてきますね…。じゃあ、まいには母性がないということですか?　**普通は**母親になったら穏やかになるんじゃないんですか?

たまみ

かずひろさん、いい質問しますね♡　最高です!　説明しますね♡

はき違えるな　母性の本性

たまみ

かずひろさんが言った通り、生まれたら聖母マリアみたいになるんじゃないのかよ！　と思いますよね。現実はまじ真逆じゃんっていうぐらい違います。

かずひろ

そうですね。ずっと母の悪口ばかり聞かされてうんざりしています。僕に対しても理不尽に怒ってきますからね。しかも結構前のことを掘り下げてずっと言われます。

たまみ

そうですよね。私も産前は母性があるから、優しくできると思っていました。でも現実は違いました。その現実と理想のギャップにやられてしまうんですよね。母性の本性って実は、とんでもねえ奴なんです。労力、お金、時間、労いを速やかに提供してくれなかったり、または干渉してきたりして、ダメ出しをしてくるもの、赤ちゃんを危険にさらすものなど、とにかく【害】と感じるものは【敵】とみなし攻撃的になったり厳しくなったりする。これが母性の本当の正体です。私が相談にのっている限りでは、ターゲットになりやすいのは夫や、義理家族、実親、上の子などが特に多いですね。

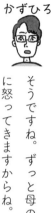

まい

そしたら今私がこんなにも姑が嫌なのは、母性も関係しているということですか？

たまみ

少なからずあるかと思います。母性で穏やかになるとか幻想です。そんな幻想を押し付けられるとか迷惑でしかないです。そうやって私たち母親は命を守ろうとして攻撃的になってしまうことを全人類が知っているか、知らないかで大きく違いますよね。干渉してくる姑には赤ん坊を捕られないように守り、ボーっとスマホばかり見て赤ん坊が泣いている時にケアすることを後回しにする夫のことを【害】だと感じて攻撃的になる。これこそが本当の産後の姿ですよ。そこに聖母マリアなんて存在しない!!

まい

もう分かりすぎて…。首がもげそうです…。

かずひろ

でも産後ってもう終わってますよね？　そのガルガル期はいつ終わりますか？　もう3か月経ってますよ？

たまみ

かずひろさん。**産後は一生ですよ。**子を産めば母になる。一生産後です。

かずひろ

そしたら…。これから一生母の悪口を聞かされないといけないんですか!?　産後とは言っても一か月でしょ？

たまみ

かずひろさんには申し訳ないですが。あなたがその調子だと一生恨みは続きそうですね。いつか攻撃的でなくなる日がくる人もいますが、ずっと攻撃的な人もいます。きっと害になることをされ続けたのでしょう。産後の離婚率が一番高いのは、こういった知識を知らないからこそです。しっかり夫婦で向き合って、**産後起こりうることを2人で理解し、その後どうしていくかを話し合い、行動に移していくことが、一番の近道です。**夫婦のことこそ「ボーーっとしてんじゃねーよ！」ってことです。

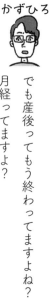

かずひろ

じゃあ僕は、どうしたらいいでしょうか…？

超重要ポスト！　産後の中間管理職

たまみ

かずひろさんに質問です。仕事をしていて「この時が一番人事評価につながる！」という時期やプロジェクトや仕事内容などはありませんか？

かずひろ

まぁありますね。日々の仕事ももちろんですが、「ここだけは人事評価に影響してしまう」という仕事はあります。

たまみ

その仕事をかずひろさんは特に頑張りますか？

かずひろ

まぁ普段から僕は頑張ってますけど。ボーナスに影響しますから、普通誰でも頑張ります

よね。

たまみ

そりゃそうだ。この仕事頑張ったらボーナスも上がるよ！　と言われたら、そりゃ誰だって頑張りますよね～。

かずひろ

それがなにか関係あるんですか？

たまみ

その人事評価にいっちばん影響する仕事というのが、家庭では【産後の今】ということになります！

かずひろ

え??　家庭でも、人事評価があるってことですか？　ははは！　家庭はくつろげる場所じゃないんですか？

たまみ

かずひろさん笑ってますけど、本当に笑えないですよ。正直産後にくつろげる場所とかぬかしてんのも甘いです。くつろげる場所を、「勝手に妻が提供してくれる」なんて思った

ら大間違いですよ。子どもが生まれ、生活も一変して、まいさんも肉体的にも精神的にも一番弱っているこの瞬間、**あなたの言動すべてが妻からの人生の人事評価の対象だと思ってください。**

かずひろ

そんな大袈裟な…。

たまみ

1ミリも大袈裟じゃないです。本気で向き合い寄り添わないと、まじで首にされます。首にならなかったとしても、一生あの日のことを思い出し恨まれます。**妻からの人事評価をされる瞬間が今なんです。**とにかく今が大事なの。何度も言いますが、0〜3歳の間の離婚率が一番高いのも、評価で首を切られたと思ってください。首切られますよ。

まい

かずひろさぁ…、さっきくつろげる場所って言ったよね？　私のくつろげる場所は？　アポなしでアイツがほぼ毎日やって来て、どうやってくつろげって言うの!?

かずひろ

分かったよ。次はちゃんと母さんに言っとくから。

まい

毎回言ってるのに！　お義母さんに適当に言ってるんでしょ？　真剣に言わないとアイツには伝わらない。もう少しまじめに伝えて！

かずひろ

分かったよ。分かった。このあと実家行って真剣に話してくるから…。

たまみ

かずひろさん。素晴らしいです。今はじめて向き合いましたね。あなたは今超重要ポストの嫁と姑との間に立っている【中間管理職】なんです。この中間管理職は本当に大変ですが、「今！　今！　今！」が嫁にとって、あなたへの評価を大きく左右すると思ってください。今後の一生が今のこの中間管理職の働き方一つで変わってきます。ここであなたがしっかりと働くことでかずひろさんが今後ラクになる。約束します。

産後の恨みは一生の恨み

たまみ

私のフォロワーさんで、産後の夫の態度や姑に味方する様子を見て、子どもが生まれて8年しても、どうしてもそのことが忘れられなくて、そこから夫への拒否がはじまり、今まさに離婚に向けて準備を進めているママがます。こういったケースは少なくないです。また私も1人目の出産から6年程経ちますが、産後に言われて傷ついた言葉は一言一句覚えています。数十年後もきっと昨日のような出来事として思い出し、怒りの感情がでてくるでしょう。それくらい産後の恨みは一生の恨みなんです。

かずひろ

そんな昔のことをほじくり返されても…。

たまみ

そうですよね。昔のことそんなに言うなよ！　って思ってしまうのも分かりますが、出産がそれだけ女性にとっては心も体も脳にも超大きく影響を与えるということです。何故、産後の恨みが一生の恨みになるのかを説明しますね。

まい

はいお願いします！

たまみ

どうしてここまで産後のネガティブなことを忘れられないんだろう…と私も調べてみたんですよ。脳科学者の黒川伊保子さん著書『妻のトリセツ』（講談社）を読んで、**【女性脳】**が関係していることが分かりました。女性脳は体験記憶ごとに感情に見出しをつけて記憶しているんです。例えば、「**かわいそう**」という見出しを引っ張ると何十年分もの同じような記憶がバーーーって一気に思い出すことができる能力があるんです。「私がミルクを飲ませようとしたら、お義母さんからかわいそうって言われたのよ！　その時あなた何もいってくれなかったでしょ!?」と数年後、数十年後でも臨場感たっぷりで脳裏に刻まれて、理不尽に怒り出すなんて、よくあること。特にネガティブなことほど覚えている。

かずひろ

やっかいですね…、それこそ忘れられないなんてかわいそうですね…。

たまみ

でもこれは子育てにはすごく大事な機能。子育ては毎日新しい課題がでてきますよね？そんな時に、その過去の危なかった記憶、危険だと聞いていた話など、脳内すべての記憶を総動員して、瞬時に答えを出す機能として働くんです。「子どもが熱だした！」ってなったら、バーーーーーって無意識に脳内の過去の記憶をさかのぼり、ママ友とのランチで話していたこと、ママ友がＳＮＳで書いていたこと、自分の小さい頃の体験もすべて頭の中でかけ巡らせ、子どもがピンチの時に瞬時に「こうした方がいい」と答えを出す。【母親の勘は当たる】とは本当なんです。

まい

それ分かります！「子どもがなんか変だな…。ママ友が話してくれたあの症状に似てる…」と思ってすぐ病院にいったら同じ病気だったりとかで…。「自分すご！」ってなりました。女性脳が関係してたんですね。

たまみ

私も子育てセミナーを受けた時に、講師の先生が「お母さんが子どもの調子がなんかいつ

もと様子がおかしい。なんか変だと思ったらだいたいあってます」と言ってました。そうやって女性脳は脳みそをフル回転させて子どもを守ろうとするんです。だからこそ子どもが生き延びることができているのかもしれません。

かずひろ

僕たちも恩恵を受けているということですか…。

たまみ

ただとてもやっかいなのが、子どもを守るためにネガティブな記憶が刻まれるその力というのがこの産前・産後に格段にパワーアップするといわれているんです。出産は命がけ、内臓から内臓を剥がし落として体も傷だらけ（子宮から胎盤をはぎとる）、さらに寝不足でホルモンバランスも乱れ、人生でこんなにボロボロになることはないだろうというくらい弱っている時の、夫の無神経・無関心な言動や、実親や義理両親からの過干渉、悪気はないという正義の押し付けは、一生辛い記憶として残ります。それが理由で離婚にいたるケースも珍しくないんです。女性脳…、まじで今ケアしなかったらアウトよって話なんですよ。

まい

私も知らなかったです…。でも腑に落ちました。お義母さんに言われ続けている「**かわいそう**」という言葉も、子育ての干渉も、かずくんから言われた「**気にしすぎ**」という言葉も私はこれから先、一生忘れることはないと思います…。私が母親としてダメな母親だって言われているようで…うぅ゛う…。

たまみ

まいちゃん思いっきり泣いていいですよ。一番辛かったのは、きっと大好きなかずひろさんから突き放されたと思ってしまったことですよね。大丈夫です。かずひろさんは突き放していたわけではなく、無知だっただけです。

かずひろ

知らないことばかりでした…。ガルガル期も母性のことも…。母親になったら優しくなると思っていましたし…、僕は中間管理職としての今が腕の見せ所ということですね。

たまみ

はい。なかなか大変な仕事だと思います。かなりストレスもかかるかもしれませんが、今は奥様の言葉を尊重してあげることが、かずひろさんにとっても得策だと思います。もちろんお母様を馬鹿にしたり、蔑ろにしろと言っているわけではありません。お母様も大事な人です。ただかずひろさんとお母様は親子です。何があっても親子です。でも夫婦は愛

しあうただの他人です。紙切れ1枚の契約ですから、簡単に破綻することもあります。そしてこれから先、悪いことは言わないので、【あなたの味方だから大丈夫だよ】という姿勢をまいちゃんに見せてあげてください。あなたにとってはお母さんでもまいちゃんにとっては姑です。姑ってだけで気を使いますからね。

かずひろ

はい。分かりました…。中間管理職という言葉イメージしやすかったです。頑張ってみます。

いい嫁でいることを手放せ

たまみ

さぁ！　まいちゃんにちょっと伝えたいことがあります。お義母さんからの指示やアドバイスなどは、自分とは違うなと思った時は、どうしてますか？

まい

相手がお義母さんなので、どうしても強くは断れなくて…。結局言われるがまんまです。

たまみ

強く言えないですよね〜。相手が相手ですから（笑）でも、どうして言えないのでしょうか？　考えてみたことありますか？

まい

…考えたことないです…。普通に夫のお母さんだから、言うこと聞かないといけないのかなって。嫌われてしまうと面倒だし。

たまみ

まいさんの中で【いい嫁でいないといけない】というのは、どこかにない？

まい

正直ありますね。いい嫁と思われたいというか、そうじゃないといけないのかなって。

たまみ

きっと、それがさらにお義母さんを加速させてしまっている可能性がありますね。「この子は私が言ったらその通りにやってくれる子」。「あなたのためを思って言っている」と。相手の立場や気持ちを考える前に、求めてもいないのにとにかく言いたい！　教えてあげたい！　とあれこれ言ってくる。これってありがたいけれどアドバイスではなく※**クソバ**

イスなんです。でもそのよかれと思ったクソバイスにまいちゃんはずっと従っている。そしたらさらにクソバイスがエスカレートしていく。**良かれと思って**。

※『言ってはいけないクソバイス』（犬山紙子著 ポプラ社）引用

まい

クソバイス……笑えます（笑）私にも原因があったわけですか…。

たまみ

まいちゃん。【いい嫁でいないといけないというmy呪い】少しずつ手放しましょうか。

まい

それはお義母さんに反抗する、ということですか？　そんなことしていいのかな…。

たまみ

反抗してわざわざ傷つけることなんてしなくていいです。どちらかというと反抗するというよりも、堂々とするという方が、近いかもしれません。もっとまいちゃんは、自信をもっていいんですよ。りんちゃんにとっては、紛れもなくまいちゃんが母親です。堂々としていいです。

まい

堂々とする…。どうやってすればいいんでしょうか…。実際に子育て分からないことだらけだし。

たまみ

まぁ…。私も母親として自信があるかっていわれたら、たしかにないですね。でもりんちゃんのことで世界で一番悩んで、考えて、この子のことで涙して、心から喜んで、毎晩後悔して、誰よりも愛しているのは紛れもなく、まいさんではないですか？

まい

その自信はあります。りんのことを世界で一番考えているのは、私である自信はあります。

たまみ

それでいいと思うよ。完璧な親なんていない。でも世界で一番我が子を愛してる。それだけで堂々としていいよ。いい嫁でいようとすればするだけ、相手も理想を求めてくる。しんどいよね。他人の期待に応えるために子育てしている

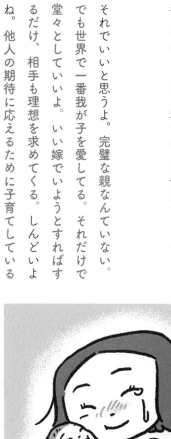

わけではないんです。嫌なものはきっぱりと嫌だと伝え、自分で決める。私はあなたの意見をすべて聞くわけではないですよ、というスタンスでいるんです。けんか腰ではなく自然体でね。

まい

自然体…。

たまみ

はい。いいことは受け入れ、自分の方針と違うものは流す。何か無理に求められても心の中は「知らんがな」くらいでちょうどいい。全部受け入れようとするから辛くなる。嫁・姑関係も上下関係ではないです。人としては対等です。少しずつで大丈夫。いい嫁（都合のいい嫁）でいるのをやめましょう。

まい

ちょっと勇気がいるけど…。やってみます！　私が従ってるからなのか…。

たまみ

良かれと思っていることが、一番タチが悪いですから。ただ、今はお義母さんのことが大

っ嫌いかもしれませんが、何か要求をされたことを断ったり、拒否したりしたとしても、人として否定をするのは違います。今、まいちゃんが葛藤して子育てしているように、お義母さんは愛するかずひろさんを、一生懸命育ててくれた人でもあるから。腹の中では嫌いでもいいです。でも口にはそれをださない。

かずひろ

あんなに仲良かったのに…。もう嫌か…。

まい

…今はちょっと無理かな。

かずひろ

そうか…。

夫よ、息子化するな

たまみ

かずひろさん。今は難しいかもしれません。女性ホルモン舐めたらあかんってことです。でも今まで知らなかったけど、今日知りましたよね♡　これから中間管理職としてかずひろさんがしっかり、2人の距離感をちゃんととることをまじで大事にしてください。言葉を変えると【息子化するな】ってことです。もう息子ではなく、1人の家庭を持つ父親です。たしかに、お義母さんにとっては、いつまでも息子ではありますが、嫁と姑が一緒にいる空間では息子ではなく【夫】でいましょう。とにかく今が特に中間管理職として頑張る時。人生の査定が今くだされていると思って。

まい

息子化…。それだ!!　すごく分かります。かずくんの実家に行っても、私と娘のことをまったく気にしないんです。ずーっとソファーに寝っ転がってテレビとスマホ見てるだけ！　こっちは義理の家だから、全然くつろげないし。

たまみ

うちの夫も、そうでした。実家に帰ると息子化してしまう。1人で帰るならまだしも、嫁

を連れてきたことすら忘れてしまう（笑）こっちは戦場に乗り込むくらいに緊張してるのに！　何1人だけくつろいでんだ！　ってある日ブチ切れましたよ。まぁ今はもういい嫁でいること手放したので一緒になってくつろいでますけど♡

かずひろ

あー耳が痛いです（笑）

まい

私が、夫の実家に行くとなんでモヤモヤするのかが、今ようやく分かりました。息子化してることにむかついてたんだ。あー、なんかスッキリした！　でも…、なんか私ばかり我慢してる気がするんですけど、お義母さんにだって少しは変わってほしいです！

たまみ

無理ですね。変わらないです。そもそも住んでる惑星が違うので。

まい

え？

かずひろ

え？

世代が違うと国家が違う

たまみ

誤解を恐れずに言えば宇宙人くらいに違うと思っていた方がいいです。もっと分かりやすいたとえの方がいいですね。うーーーん。違う国で育ったと思った方がいいかもしれませんね。お義母さんというか世代ですね。上の世代の人たちと私たちの世代では、住んでいるのが違う国レベルで違うんだと。

まい

同じ日本ですけど？（笑）

たまみ

同じ日本だけど、男が働きに出て女が家を守る、男を立てるのがなんぼ、みたいな時代が少し前まであったじゃないですか。でも、今はもうそういう時代ではなくなりつつある。SNSで、他の家庭をのぞき見できるようになり、【イクメン】という言葉が浸透して、男性が子育てをするのが少しずつ自然になってきている。今がその過渡期なんですよね。だから逆に苦しいんだよ。私たち自身も「**母親はこうあるべき**」という呪いにかかってるから。親世代からも言われるし。でもSNSでは外の家庭の芝生がスーパーブルーに見える。苦しいよね〜。

まい

分かります。親世代から言われる言葉もそうだけど、自分自身もどこか自分に「**嫁だから、母親だから、完璧じゃないと、立派じゃないと**」とプレッシャーをかけてしまっています。

たまみ

自分への【my呪い】ね。特に私たちの親世代は、男が働きに出て、女が家を守る。男を立てるのが女の役目と刷り込まれていたし、むしろそこに疑問すら抱いていない人たちにむかって、「あなた変わってください」なんて無理な話なんだよ。もはや文化が違う。アメリカ人に「毎日味噌汁絶対飲め！　ホットドック食うな！」って言ってるのと同じ。まじ無謀な！

まい

それはまじ無謀（笑）そんなに違うんだ。

たまみ

はい。それくらい違うと思っていた方が自分がラクになります。変えようなんてかなりエネルギーもいるし、期待通りにならなくて、さらにこじれるだけです。諦めましょう。文化も言語もすべて違うレベルで異なるので。外国の人だと思った方がいい。**世代が変わって国も変わるくらい価値観が違うんだよね。でも彼らを変えることはできないけれど、自分自身は変わることできるよね？**

まい

できますね。

たまみ

私も最初はいい嫁でいることを心がけていたけど手放したらすごくラクになった。今はお義母さんに対して意見するようになったし、夫の実家にいっても真っ先に冷蔵庫開けてビール飲んでます（笑）「お義母さんありがとう♡　おいしいご飯嬉しい♡」と言って甘えてます。なんでも従っていた時よりも、とても関係が良くなりました。**期待しても仕方が**

ない嫁になるんです。こちらからね。

まい

期待しても仕方ない嫁…。勇気がいるけど、もう我慢ばかりせずに堂々とします。

たまみ

我慢は本当に良くないからね。心のうんこは溜め込まない。溜め込んだら大爆発して、後処理めっちゃ大変やしね（笑）子どもが生まれて関係が変わり、夫の家族と絶縁をする人たちを、たくさん見てきました。これもきっと無知からくるんですよね。【産後のママのトリセツ】をまったく分かってない。孫フィーバーしちゃって、後先のことを考えずに発言をする。**良かれと思って**【クソバイス】を連発する。でも相手は変わらない。そしたらこちら側もしっかりと産後の自分のトリセツを提示しましょう。

私の場合の産後のトリセツは今思えばこうでした。

- とにかく否定しないで、まずは共感してほしい。
- 子育ての仕方は、私たち夫婦で考えたい。干渉しないでほしい。

・距離感を大事にしてほしい。
・気にしすぎ！　とか子育ての姿勢に対して、ジャッジしないでほしい。
・勝手に決めないでほしい。
・勝手に抱っこしないでほしい。勝手に触らないでほしい（笑）

とか…まぁたくさんあったね。こんなことを思ってしまう自分は、ダメだ！　ではなくそれが本音ならそれがすべて。堂々と自分のトリセツをまずは自分で理解しよう。

まい

はい。まずは私がこうしてほしい・こうしてほしくないをまとめてみます。

たまみ

そしてかずひろさんは中間管理職！　わざわざ「母さんがあんなこと言ってた」なんてまいちゃんに言わなくていい。お義母さんに対しても「まいが会いたくないらしい」とか馬鹿正直に言わない。そこをうまくやる。これぞ中間管理職です。

かずひろ

はい。もうなるべく、まいと母さんを2人きりにさせないようにします。連絡も僕が間に必

ずはいるようにして、息子化しない。中間管理職…。

たまみ

かずひろさん素晴らしいです。ここ頑張り時です♡　息子がいない2人きりになった時にこそ、余計なことを、嫁に言ってしまうこと多いです（笑）嫁と姑、混ぜるな危険です。今は極力2人きりにさせないこともまじで大事ですね。

かずひろ

あー大変そうだ…（笑）

たまみ

ここ踏ん張り時です!!　応援してます！　そして最後なんですが、お義母様も決して2人を苦しめたいわけではないです。無知であるのと、どこかで貢献したい、認められたい、があると思うんです。お義母様も自分は重要で大切な存在である、と認められたいんだと思います。これは誰にでもある感覚です。

これから話すことは上級編です。ガルガル期中は無理だと思いますが、いつかきっと前ほどお義母さんに対して嫌悪感を抱かなくなった時でもいいので、意識してみてください。

まず、

・感謝を伝える。お義母さんのおかげで〜、とほめる【自己重要感を満たす】

・定期的にプレゼントや喜んでくれそうなものを送る。テレビ電話をするなどして【お義母さんたちのことも大事に考えていますよ】【関心を持ってますよ】という姿勢を見せる

そうすることで、意外に変な干渉はされなかったりします。満たされてないからこそ、こっちに固執してくるので、逆に満たしてあげるというやり方です。これは上級なので、無理しないでください。今は無理だけど、いつか自然と「孫の顔を見せることができるのはあと何回だろう…」と考えてあげられる時がきた時で大丈夫です。

まい

今はちょっと考えられないけど…。

たまみ

大丈夫。自然体で大丈夫です。あと最後の最後！「マザコン」という言葉をまいちゃん言ってたけど、お母さんを大切に思っているのは大事なことです。日本では大人になって

男の人がお母さんを好きでいることを、気持ち悪い、というイメージがあるみたいですが、海外では、当たり前のことだったりします。大事な人であることは、忘れないでください。もちろん嫁を大事にすることが大前提ですけどね♡　絶対２人は大丈夫です。さぁ時間になりました。実家に行くんだよね？　気を付けて行ってきてください！　ありがとうございました！

～帰り道～

かずひろ

いやー、耳が痛かったわ～。でも話聞けて良かった。じゃあ俺、実家行ってくるわ！

まい

ちょっと待って！　実家行く前にちょっと言わないといけないことがある。

かずひろ

なに？

まい

お義母さんのことも、かずくんのことも気持ち悪いとか、無理とか…、ちょっと言い過ぎた。ごめん。

かずひろ

あ～、いや俺も何も知らなかったから。本当全然知らなかった。

まい

本当は離婚も考えてたんだ…。

かずひろ

え？　そうなの!?…　でも今日の話聞いてたら、離婚考えてしまうのもしょうがないのかもな。

まい

このままかずくんが、ずっとお義母さんの味方だったら、もう無理だと思ってたの。でも今日のかずくん見てて…私1人じゃないって思えた。お義母さんの言動が嫌だったのもあるけれど、それよりもかずくんが、味方でいてくれなかったことが一番辛かった。

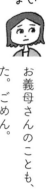

かずひろ

うん。まいが気持ち良く子育てできるように俺も頑張るわ。俺会社で中間管理職してるけど…、はるかに部下と上司の間に入るより、大変そうだよな（笑）でもそれ以上に大切なことだよな。じゃ！　実家行ってくるわ！

まい

いってらっしゃい。お義母さんにもごめんなさいって言わなくていいけど、今はそっとしててほしい。けどお義母さんのこと、傷つけないでほしい！　わがままでごめん。

かずひろ

大丈夫。なんとかするよ。今日は帰ったら、俺久しぶりにチャーハンでも作るわ！　じゃあ行ってきます。

まい

いってらっしゃい！　かずくんありがとう！

久しぶりに2人は笑顔で顔を見合わせて、手を振りあって帰っていった。

嫌いにならない
思考術これな

夫婦は他人！
自分のトリセツは自分で伝えよ

- ☑ ママに起こりうる体と心の変化は知るべし！　知識が夫婦を救う
- ☑ いい嫁でいようとすると逆にこじれる。すべて聞き入れなくていい。堂々とすればよし
- ☑ 相手は変わらない。戦略的距離感まじ大事な
- ☑ 産後の恨みはまじで一生の恨み。夫は息子化に注意して、中間管理職に徹しましょう♡
- ☑ 心のうんこは溜め込まない

これが本当のミニ祖父母学級

―「おじいちゃん・おばあちゃん」になるあなたへ―

お孫さんの誕生おめでとうございます。これからお孫さんとの時間を楽しく過ごしていく上で大事なことをお伝えします。すべては自分のためであるという気持ちで読んでいただけると嬉しいです。

私はたくさんのママからの相談を日々受けていますが、悲しいことに子どもができてから、「実の両親さんや義理の両親と絶縁してしまった」という話は珍しくありません。むしろとても多いです。そうならないためにも、注意しておいたほうがいいことをまとめます。

POINT①

孫は【自分たちのものではない】感覚を持つ

【孫の親は私たちではない】という感覚はとても大事です。基本的には相談がなければ、孫に関係する衣・食・住、方針、行事など決定権はすべてママとパパにあります。過干渉になって、

良かれと思って口をだし、勝手になにかをするというのがよくトラブルになっています。基本的にはサポートする側は「待ちの姿勢」で見守ることをお勧めします。

POINT②

子育てや男女のあるべき価値観も時代によって、いや数年単位で変わる

子育ての方法、夫婦の在り方は変わります。

母親だけが子育てする時代は終わりました。今の子育てを否定せずに「こんなこともあるのか」「こんな考え方もあるのか」と見守りましょう。特に「母親はこうあるべき！」「私の時はこうだった！」という価値観の押し付けでトラブルになるパターンが多いです。

POINT③ 否定から入らない。ジャッジしない。

「その方法はダメ！」「もっとこうしなさい！」などと言われると「もう相談したくない」と思われる原因になるかもしれません。「子育てを否定されるから会いたくない」という相談をたくさん受けます。ママもパパも間違えていいんです。そうやって親として成長していきます。人生の先輩だからこそ、失敗をさせてあげてください★

POINT④ 娘であっても子どもが生まれたら1人の母親として扱う

実の娘だからといって何を言っても大丈夫というわけではありません。何でも言えちゃう仲だからこそ産後は特に要注意！娘であっても子どもができた瞬間に1人の【母親】になります。いつまでも【娘】だと思って子ども扱いをしたり、言葉を

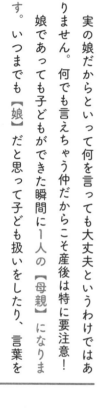

選ばず、注意や否定をしたりすると、関係をこじらせてしまうケースも少なくありません。「この子はもう娘ではなく1人の母親」として彼女の決めたことを尊重する心構えでいた方がラクです。「母親として自立できているよ」という捉え方をしましょう♡

POINT⑤ 孫との時間以外にも自分の人生を楽しむ

「孫がすべて!」になってしまうと、あなたもそしてママとパパも苦しくなるかもしれません。あなた自身の好きなこと、趣味の時間、プライベートの中の一つに「お孫さんとの時間」があるようにしましょう。「孫の存在がすべて」になってしまうとPOINT①で述べたことが起きてしまうことも。孫以外に自分にとって楽しいことや趣味をもちましょう。程よい距離感が楽しく過ごすためのコツです☆

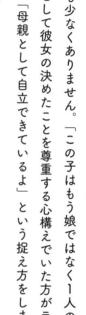

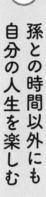

ママたちに聞いてみた！　実親、義理の両親から…

これは辛かった…NG行動集

・アポなし訪問
・勝手に子どもを抱っこする
・勝手に子どもを連れていなくなる
・勝手に食べ物を食べさせる
・自分の箸で食べさせる
・欲しくないものを贈ってくる
・出産直後に面会にくる
・返信がないとLINEを催促する
・名づけに意見する
・お宮参りや七・五・三など行事ごとに口出しする
・子どもにキスする
・子どもの髪を勝手に切る
・手を洗わずに抱っこする

・授乳をのぞく
・内孫と外孫の差別をする
など

「勝手に」「許可もなく」何かをされるのが嫌だったというコメントが多かったです。お孫さんは自分のものではないという感覚が大事ですね★

これは辛かった…NGワード集

・そんなことしたら子どもがかわいそうよ～
・帝王切開はラクだね～。無痛分娩なんて甘いよ！
・母乳出てる？　母乳で育てなきゃ
・母親なんだからもっと頑張りなさい
・細かすぎ、神経質すぎよ～

・男の子のほうが良かった〜。女の子のほうが良かった〜
・次の子どもは？　まだ？
・私の時はこうだったのに〜、今はダメね〜。もっとこうしなさい！　こうしたほうがいい！　など

圧倒的NGワード第1位は「子どもがかわいそう」でした。「かわいそう」は要注意ワードです。ジャッジしないで〜。

これは嬉しかった！　ありがとう集

・とにかく否定せずに話を聞いてくれた
・「よく頑張ってるね」と褒めてくれた
・子どものことで関わる時はちゃんと許可をとってくれた
・急な出費があって困った時や、子育てでお金が入用の時に、モノではなく現金を送ってくれた

・「頑張りすぎなくていいよ、よくやってるよ」と頑張りを認めてくれた
・程よい距離感で見守ってくれた
・「辛い」と言った時に共感してくれた
・味方になってくれた
・「ゆっくりしてきていいよ」と子どもを預かってくれた

否定や批判ではなく、頑張りを認めてくれたり、共感してもらえたりすると「1人の親として信じてもらえている」と思えて嬉しいですよね。

以上大事なポイントをお伝えしました。参考にしていただき、お孫さんと家族との時間を楽しく過ごせることを祈っています。

第3話

夫はずっと耐えられるサンドバッグじゃない

呪われモラ妻編

登場人物

さおり

だいすけ

まこ

あやこ

なこ

ドシッ
ドシッ
ドンッ
バン
ハァ〜〜
手伝うよ
ごめん…俺
なにしたらいい?
ダンッ
……
パパー
みてーみてー
イラ
イラ

ねぇ
あたしが今
何に怒ってるか
分かりますか？
言ってみて
え…
俺と子供が
あそんでて…
あそび方とかが
…ちがう？
はあ
ああ？
まじで
言ってんの!?
ごめん…
分からないや…
手伝うよ
てめぇよくそんなんで
仕事できてんな？
なにしたかも気付かないで
子育ても家のことも
できなくて
さぞ仕事も
できないんだろうな!!
……

…俺なんかした？
言ってほしい
てめぇが自分で気付け!!
みんな〜
こっちおいで〜
こんなんにはなっちゃだめだよ〜
どうせ何言ってもダメだ…
自分のしたことくらいわかる大人になろうね〜
ギロッ
ねえ

何も言わないんですか？まじで普段何見てんの？
まじで使えねえな
グッ
じ…じゃあ俺はどうしろって言うんだよ!!言わないとわかんねーよ!!
なんでも聞いてくるな!!!
私が死んだらどうするんですか？
ビエ〜〜

いつも飲んだビールの缶は水で洗って乾かしてって言ってるよね？
飲むだけ飲んで好きな時間に起きてきて
まじでお前は能天気でいいな!!! 本当イラつかせる天才だわ!!!
それならそう言ってよ…
ごめん…
いちいち言わせんな!! まじで仕事できてる？ だから出世しねーんだわ
どっか行け!!!
どうせどっか行ってもキレるくせに…

さおり…今度一緒に行きたい所がある
もう予約したから一緒に来てほしい
どこ??
ってかさ そこに行くための段取りは結局私でしょ? 子供預けたり ご飯の支度とか!! 全部てめえがしろよ!!!
はい……
全部俺がやるから一緒に来てほしい…
これが本当の…!
父母学級
バブたま
これが本当の父母学級!
こんな人にオススメ

だいすけ

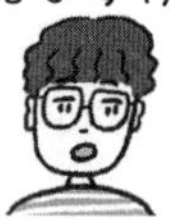

こんにちは…予約をしていました小林だいすけです。

たまみ

こんにちは。あれ？…旦那様おひとりですか？　お2人で予約されていましたよね。

だいすけ

はい。一応住所と時間は妻に伝えましたが、もしかしたら来ないかもしれません…。

たまみ

分かりました。だいすけさんのお話聞かせてください。

心が孤独な子育てはぶっ壊れるよ

たまみ

今日はだいすけさんが予約をしてくれたんですね!!　嬉しいです！　どこで知りました？

だいすけ　会社の先輩夫婦が来たことがあったみたいで、「妻のことで悩んでる」と言ったらここを紹介してくれました。

たまみ　夫婦関係は一番難しいですよね～。私もこんな仕事してるけど、イライラの真っ只中にいる時は今でも夫が敵にみえてしまいます。それこそ昨日喧嘩したばかりです（笑）

だいすけ　え？　そうなんですか!?　バブリーさんでも夫婦喧嘩したりするんですね。意外です。

たまみ　他人同士が共通の人物（子ども）を育てることが一番難しいと個人的には思っているので衝突ももちろんありますよ。夫婦で冷戦ゼロ喧嘩ゼロなんて子育て中は無理だと思っています。夫婦仲には波がある。所詮ただの他人ですから。

だいすけ　そうなんですか…。喧嘩ゼロにしたくて来たんですが…。

たまみ

完璧にゼロにしようとするとまた「せっかくバブリーさんのところに行ったのに意味なかった！」となりフラストレーションが溜まります。喧嘩をゼロにするというよりも、喧嘩はあるかもしれないけど、お互いが少しでも楽しく過ごしやすく子育てするために知っておいた方がいい思考をここでお話ししています。**完璧は無理ですよ。まずは3割できたら上等**くらいで聞いてください。

だいすけ

どうすれば楽しく過ごせるのか…。最近は妻の僕に対しての当たりがひどすぎて…。家に帰る前から胃がキリキリします。僕が病んでしまいそうで…。

たまみ

もう十分病んでそうですよ…。だいすけさん教えてください。奥様は今どんな環境で子育てをしていますか？

だいすけ

0歳3歳6歳の子どもを育てています。僕の仕事で赴任が決まって子どもたちと一緒についてきてくれたんですが、前から強めな性格だったけれど、さらにエスカレートしてしまい…僕のことを名前ですら呼ぶことはなくなりました。

たまみ

なんて呼ばれるんですか？

だいすけ

お前、あんた、ひどい時は「てめえ」と呼ぶようになりました。言い返してもその100倍で言い返されるので我慢するようにしています。あと…、ずっとスマホ触ってインスタグラムとかしてますね。写真を撮る時だけいい仮面夫婦写真とらされます。連れてこない方が良かったのか…。

たまみ

それは辛いですね…。ピリピリされると居づらいし。だいすけさんは何時から何時のお仕事で、その間は子どもはどうしているのか、周りのサポートなど教えてください。

だいすけ

僕は土日が仕事の日もあり週に1回か2回休みがあります。毎日ではないけれど残業で10時頃にしか帰宅できない時もあります。周りのサポートは親が離れていては特にないです。上の子2人は幼稚園行ってます。休みの日は僕が子どもたちを見たりしてます。

たまみ

なるほど…見知らぬ土地でワンオペしてるということですね。さおりさんにはあなたしか

いないんですね。頼れる先も、悪い意味で当たれる先も…。

だいすけ

そうですね。だから僕がやれることはやってるんですけど…前はここまではなかったのに、とにかく僕がやることすべてが嫌みたいで。もう愛情とかも何もないですね。

たまみ

孤独な子育ては本当にぶっ壊れますからね。

従業員たった1人のコンビニ経営の末路

だいすけ

孤独なんでしょうか…？　家族がいるのに？　子育てもしている方だと思います。そういったら僕も孤独です。会社でも家でも。

たまみ

家族がいるのになんで孤独なの？　って思いますよね。ちょっと分かりやすくワンオペをコンビニ経営でたとえますね。

さおりさんは24時間営業のコンビニで働いています。そしてだいすけさんも従業員ではありますがほぼ店内にはいない状況です。そして店内にいるのはお客様である子どもたち。棚の商品は投げ落とし、泣きわめき、走り回ります。さおりさんはそれでも営業をし続けないといけません。棚に商品を戻し、店内の掃除をして、商品発注、検品、品出し、補充、仕込み、レジもします。店員は店内に1人。交代がいないので休憩をとることすらできない。別店舗からヘルプを頼みたいけど頼めない距離にある。24時間営業ヘルプなし休みなし。

たまみ

この店員さんは孤独ですか？　孤独じゃないですか？

だいすけ

孤独ですね…。

たまみ

このままだと過労死してしまいますよね。今は店舗に帰ってきた従業員のだいすけさんに対して、蓄積された苦しみが怒りとなってぶつけているように感じます。良くないことで

はあるけれど、あなたを悪者にすることで心を保とうとしている。お客様である子どもたちにあたらないようにしてるんじゃないかなと思います。本当は本人と話せれば一番なんですが…。

だいすけ
すみません…。

たまみ
さおりさんは、自分が被害者であり、こんな店舗に連れてきたあなたが加害者だと考えてしまっているんだと思います。

だいすけ
ということは妻のサポートがあるところに引っ越して、僕だけが残る方がやはりいいですかね？

たまみ
それも一つの選択肢ではありますね。その選択をする前にまず知ってほしいのが、さおり

さんの人格や性格が悪いのではなく、さおりさんをそこまでにさせてしまっている環境に問題がある。それほど過酷であることをパートナーとして知ることからはじめましょう。私も実は以前、まったく同じでした。夫に当たり散らす日々。恥ずかしながらそうやって自分を保っていたんです。

―ドアが開く音がした。そこにはさおりが立っていた―

たまみ

さおりさんどうぞ。お話ししましょう。

怒りの裏側には泣いてるあなたがいる

たまみ

だいすけさんから話は聞きました。さおりさんが知らない土地で3人のお子様の子育てをされていることを。そしてだいすけさんも申し訳ないと思っていると。ただ さおりさんの最近の態度がだいすけさんにとって苦しいという相談でした。でもさおりさんの気持ちも分かりますよ。私も特にワンオペの時は夫にすごく当たっていました。今も余裕がなくな

ると当たってしまう時があります…。

さおり

それはどうも！

たまみ

（…うひょ〜〜、殺気やばい〜〜!!）だいすけさんに対してどんなところに気づいてほしいとか分かってほしいとか、ありますか？

さおり

全部ですね。こいつ本当に使えなくて！

たまみ

ほう…。どんなところでそう思います？

さおり

はぁ…。自分のことしか考えてないところですかね。こっちの要望していることすらできない。先回りして考えることもできないし、気が利かない。毎日何見てるんでしょうか

ね？　脳みそどうにかなってますよ、こいつ。

だいすけ

さおり！　「こいつ」って言うのはここではやめよう…。さっきバブリーさんからワンオペがどれだけ孤独で大変なことか聞いた。俺なりにどうにかこの関係を修復したいと思ってる。

さおり

はぁ？　よく言うわ！　じゃあ質問するけど、今子どもたちの靴何センチですか？　服は何センチですか!?　子どもの幼稚園の制作物どこにありますか？　行事のプリント読みましたか？　いつなのか知ってますか？　この前まこが熱出た時会社の飲み会行ったよな？　予防注射何打ってるのか知ってる？　母子手帳どこにあるか知ってる？　言えよ！　ほら!!　答えてみろよ！

だいすけ

そうやっていつも詰められると、なんて言っていいか分からなくなるんだよ…。俺なりに**子育てもやってる方**だと思ってるよ。

さおり

やってる方？　誰と比べてやってる方とか言ってるんですか？　比べる必要ありますか？

自分の子どもだろうが！　今の仕事を選んだのはお前!!　全部お前のせぃ！

だいすけ

じゃあ、やっぱりもう単身の方がぃぃね。

さおり

子どもたちの預け先は？　幼稚園はどうするんですか!?　何も考えずに簡単に言いやがって。いぃよなお前は！

だいすけ

…はぁ。どうしたらぃぃんだよ。

たまみ

さおりさんOKです。怒りがしっかりでてきてますね。蓄積されてますね完全に。その質問攻めもしっかりとしたあなたのSOSです。蓄積された「辛ぃよ！　悲しぃよ！　知ってほしぃよ！」という泣いているあなたが怒りとなって出てきてくれています。怒りの感

情の裏には泣いている自分がいる。本当は悲鳴をあげて泣いてSOSを出しているんです。その泣いてSOSを出している自分を無視し続けているんです。

さおり

SOS？　私は別に辛くはないです。母親なので当たり前のことをやっているだけです。ただこいつが本当に使えないだけ！　それにイラついてるだけです！　それでも私が悪いとでも言いたいんですか？

たまみ

いいえ。さおりさんもだいすけさんも2人とも悪くないです。悪者を作ってしまいたくなるくらいさおりさんが追い込まれているということです。ここは分かってほしいのですが、何が悪いかって考えた時に【誰が悪い】って考えてしまいがちなんだけど、大抵が環境が悪いです。環境や状況があなたたちをそうさせてしまっている。誰かを責めてもいい方向にまじで進まない。今の環境を少しでも良くするために「じゃあどうすればいいか」を考えていくんです。

さおり

私にはこの人が悪いとしか思えませんけど？

はい。でも「とにかく気が利かないだいすけが悪い！」となるとずっと自分が被害者でいないといけなくなる。家庭の中で加害者と被害者がいるようになってしまう。家庭内が事件現場になってるんです。そりゃ、空気も最悪ですよ。**あなたの怒りという感情の裏側にいる泣いているさおりさんの声を無視しないでください。**ずっとだいすけさんをサンドバッグに子育てを続けていると次はだいすけさんがぶっ壊れます。人間ですからね。2人ともぶっ壊れますよ。

夫はずっと耐えられるサンドバッグじゃない

実は私も子どもが生まれてから夫をサンドバッグにしすぎていた時期がありました。相手の気持ちや状況よりも、「**私の方が大変。私の方がきつい。私はかわいそう。お前はいいよな！　そんなこといちいち言わせないでよ！**」などと夫を悪者にしてストレス発散してました。そんな日々が続いていたある日、夫も耐えきれなくなり、今まで見てきた彼とは別人のように怒り狂い、泣き出し、発狂しました。その彼を見て急に我に返って…。その後夫はカウンセリングにもいきました。

さおり

うちの夫は大丈夫です。頑張ってないんで。言われて当然です。

たまみ

それは違いますよ。だいすけさんだって人間です。一生耐えられるサンドバッグじゃない。私もずっとあの時は被害者でした。夫に対して私ばっかり！　私ばっかり！　って。そしてどこかで夫なら私の感情を受け止めてくれる「大丈夫」と甘えてたんです。でも夫もしっかりダメージを受けていました。夫もそれを受け止めるために我慢する。私もずっと我慢している。そしてね、結局当たり散らしても1ミリも何も変わらなかった。1ミリも良くはならなかった。めちゃくちゃコスパ悪かったですね。

さおり

…でも母親だから我慢するしかないでしょう。

たまみ

きれいごとに聞こえるかもしれませんが、夫を

変えるというよりも、**まずは自分の思考を変え自分を許し、解放してあげました。**自分自身への呪いを手放して、自分のために自分をラクにしてあげ、自分の我慢をどんどん手放しました。**自分の中の「母親だから頑張って当たり前、我慢して当然、立派でいないといけない」というmy呪いを手放していったんです。**そこから我が家は変わりました。

さおり

呪い？　じゃあ私は呪われてるってことですか？（笑）

自分自身への呪い＝思い込みを手放せ

たまみ

思い込みです。思い込みほど怖いものはない。どこかで母親だから頑張って当たり前、立派じゃないとダメ、頑張らなきゃダメ、弱音を吐いたらダメと**【母親だから】**という呪いで自分自身にたくさんの我慢を強いている。我慢をしている人ほど、自由にしている人のことが許せない。**自分がたくさん我慢しているから、他人にも我慢を強いるんです。**私だって我慢しているんだから、お前もそれくらい当たられても我慢しろ！　って。

さおり

でもこの人本当に気が利かないんです。私がやるしかないでしょ？

たまみ

だいすけさんが気が利かないのは分かりました。でもきっとすごく気が利いたとしても今のさおりさんはまた何か粗を探して指摘をするはずです。だってさおりさん自身が満たされていない状態だから。ずっと自分に我慢ばかり強いているから。

さおり

でも子育てしていたら、我慢することばかりじゃないですか？

たまみ

そうです。子育ては我慢の連続です。自分のタイミングでやりたいことができないですからね。この二つの考え方を比べてみたら圧倒的に違いませんか？

①母親は我慢してなんぼ。自分のことより子どものこと優先。自分の気持ちは無視！　犠牲にして、我慢するのが当たり前と思って子育てするのか、

②もう十分我慢してるから、自分の気持ちに素直になって好きなことしようかな、ラクしようかな
と自分の機嫌は自分でとりながら子育てするのか。

この二つでは圧倒的に違うでしょう。同じ子育てで我慢してるのは同じだけど自分へのアプローチが違う。①はフラストレーションが溜まり、いつか爆発するでしょう。現に今だいすけさんに対して当たっているのがそれです。どこかでだいすけさんなら受け止めてくれるはず、というのも本音はありませんか？ ある意味心を許しているのかもしれません。ただ、だいすけさんも人間ですから、我慢の限界があります。

さおり

…。

たまみ

さおりさん。そんなに【母親】なんだからと自分の本音を押し殺さなくていいよ。もう十分我慢してる。たくさんSOSもでてる。さおりさんとだいすけさんが苦しんでいるこの状況は子どもたちにとって喜ばしい状態でしょうか？ 子どもたちは2人を苦しめるため

に生まれてきたんじゃない。

だいすけ

良くないと思います。

さおり

…。

たまみ

自分の機嫌は自分でとる。溜め込まない努力をする。子育てで一番大事なのはいかに自分を解放してあげて、自分を大事に扱ってあげられるかです。子育ては我慢の連続だからこそ、自分を解放して許してあげないとやっていけない。

さおり

じゃあ私にどうしろと…。そんなの母親失格でしょ…。

たまみ

母親に失格も合格もありません。そんな試験なんてない。いいんですよ、そこまで辛いなら逃げても。弱くたっていいんです。**母親だからって自分を蔑ろにしなくていいんです。**さおりさんは本当はどうしたいのか、それが結局家族のためになるんです。さおりさんが家庭で笑顔でいられる環境を作ることが今の最優先事項です。全部1人で背負わなくてもいいの。

だいすけ

さおりが辛いなら、俺単身で大丈夫だよ…。知らない場所で誰も友達もいなくて子育てしてたら辛いよな。ごめん。俺の中で「家族だからついてくるのが当たり前」になってた…。気づいてあげられなくて、ごめん。

さおり

…。

たまみ

自分が我慢している時ほど夫婦仲って悪いものです。うちもそうです。夫婦仲が悪い時っ

てどっちかが我慢バランスが取れなくなっている時。妻の方が我慢ばかりしているのも倒れるし、夫ばかりが我慢しててもダメで。どっちもそれなりに生きていく上で我慢しないといけないことはあるけど、それを補いあうことができるのもパートナー。本当はどうしてほしいのか、自分がどうしたいのか。それは言葉で伝えないと分からない。「察してよ。気を利かせろよ！」じゃ、伝わらないんですよね…。期待しても自分の思うように動かないんです。所詮ただの他人ですから。

期待のズレが夫婦のズレ

さおり

「知らない土地に来てまでも私もやってるんだから、あんたもこれくらいはしてよ!!」とは思いますね。でも結局裏切られるので、さらにイラつきます。

たまみ

いいですね。言ってくれてありがとうございます。さおりさん究極イライラしていいんです。私もめっちゃイライラしますよ。そんなもんです（笑）どんな感情も宝物です。怒りも大事な感情ですよ。

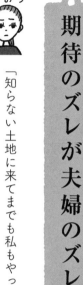

さおり

イライラしてもいいんですか!?

たまみ

一見ネガティブに聞こえる怒りやイライラという感情も、私は人間にとっては大事な感情だと思います。怒りは第二の感情と言われていて、その裏側（一次感情）には悲しみがある。だからこそ泣いている本当の自分に気づけるんです。「あっ、私イラついてるということは泣いてる私がいる！　私は本当はどうしたかったのかな？」って。イライラしたり怒る感情があっていいんです。でも泣いている自分を無視し続けることが良くないことなんです。

さおり

悲しみというより怒りが止まらないんです。

たまみ

「あなたもこれくらいしてよ！」とだいすけさんに怒りを覚えるのは、本当はだいすけさんのことが大事だから。どうでも良かったら期待すらしない。本当はどうしたかった？何に気づいてほしかった？　言ってみていいですよ本音で。

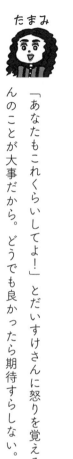

さおり

本当は…。どうしてほしいんだろう私は…。

たまみ

大丈夫です。パッと頭にでてきたことでもなんでも言ってみてください！　溜め込まない！

さおり

うーん…。たまみさんの話を聞いてて思ったのが…。ビシッと言ってほしい！　全部私が子どものことも決めるので。「この人はどうでもいいんだろうな私たちのこと」と思ってました。

だいすけ

そんなことはない！　俺は最近のさおりは、怖くてなんて言葉をかけていいか分からなくなってた。言う通りにしても後で「本当はこう思ってた！」とか言われたりして…。だから何も言わない方がいいと思ってた。言ってもどうせ言い返されるだけだし。

さおり

言わないと気づかないのが嫌だ。自発的に自分で考えて、自分で気づいてほしかった。もっと**男なんだから**、本音をビシッと言ってほしい！　何考えてるか分からないんだよね。

頼りないというか…。最後は全部私が決めるでしょ？

だいすけ

それはさおりが怒ってるから…。

さおり

ほらそうやってまた人のせいにする！　赴任だってどうするかも結局「ついてきてほしい！」ってビシって言わなかったじゃん？　全部私に決めさせてさ。ずるいよね。頼りなさすぎ！

だいすけ

でも言ったら言ったで…。どうせ否定されるから、俺から言うのはやめとこうってなる…。さおりが決めてそれに従う方がさおりは喜ぶと思っていた。

たまみ

はい。素晴らしいです！　**【期待のズレ】**ですね。**イライラの感情ってだいたいは相手への期待のズレからきています。**「こうしてくれるはずでしょ？」「なんでこんなこともできないの？」「自分で決めてよ！　ビシッと言ってよ！」とイライラするのは相手に対して期待をし、その期待通り返ってこないから。**期待のズレは夫婦のズレです。**人間関係のイ

ライラやモヤモヤのだいたいは期待のズレからきています。

さおり じゃあ期待するなということですか？

たまみ それは無理です（笑）一緒に子育てしてますもん。そりゃ小さな期待しますよね。こんなこと偉そうに言ってますが、私もめっちゃ夫に期待してしまいます。そして私が怒ってることに気づいてほしいから不機嫌アピールをするんです。でもこの**不機嫌アピールほど無意味なものはない**。だいたいが不機嫌が相手に連鎖したり相手にプレッシャーを与えて空気が悪くなるだけ。相手は何に怒っているのか分からない。それに対してさらに不機嫌アピールをするという負のループにはいります。そして不機嫌アピールをやっている本人も結構ストレスかかって

るんですよね。

さおり

不機嫌アピール…。私もすごくしてます。

たまみ

相手に伝わってほしいという期待で不機嫌アピールをするのに、伝わらないからまたイライラ。根本の解決にならないから負のループが続く…。だから単純に言うと、期待はしてもいいが、そのズレでイライラしてしまうから、**「口に出してちゃんと伝えましょう」ってことです。**実はすごく単純なんです！　夫婦だから言わなくても分かってよ！　はありえません。もうね、**伝えるしかないんですよ。本当はどうしてほしかったのかを。**

だいすけ

俺もちゃんと伝えてもらった方が嬉しい。顔色みて推測するのが難しいしできない…。さおりの普通と俺の普通は違うから。だからさっきちょっと本音を言ってくれて嬉しかった。もっと俺の本音を聞きたいっていうのもはじめて知ることができたから。

たまみ

期待のズレが大きくなってきている時ほど、夫婦のどちらかに問題があるというよりも環境が過酷であるがゆえに起きることが多いです。2人が少しでも子育てがラクになる環境を作っていく。もめないことをゴールにして、どちらかが我慢するということではないです。2人が直面している課題に目を向けてください。

結局は自分。幸せは他人の評価ではない

だいすけ

「どっちかが悪い」とかではなく、僕たちに直面している問題に目を向ける。分かりました。

たまみ

そしてさっきも言いましたが、さおりさんの根底にある【母親の呪い】や【当然の我慢】や【男だからこうあるべき】を少しずつ手放していきましょう。母親だからって我慢ばかりしなくていい！　そして男だからこうしろとだいすけさんに求めるのではなく、男とか母親という枠で見ずに「家族としてどうしたいか」「自分がどうしたいか」を優先にする。

それが子どもたちのためになるんです。ママがSOSを無視して苦しんでいる姿を子どもたちは望んでいるでしょうか？

さおり

望んでないですね…。

たまみ

そうです。**ママの笑顔がいちばん**です。本当はどうしたい？　自分の心に素直になっていいですよ。

さおり

自分でどうしたいのかが、分からないんですよ…。

たまみ

じゃあ…、引っ越してくる前と比べて、イライラしたりすることもやっぱり増えました？

さおり

そうですね。引っ越してくる前は友人も親も近くにいましたから。話せる人たちがいたし

…全然違いますよね。世界が一気に狭くなった感じです。だから最近はインスタグラムでしかつながってなくて。

だいすけ ずっとやってるよね…。

たまみ ちなみにインスタでどんなことしてます？

さおり 最近は投稿とかしたりしてます。家族写真あげたり…でも「いいね」が少ないとイラっとしたり、友達の投稿に心から喜べない自分もいたりします。本当笑えますよね。

たまみ それ私もしてました（笑）!! 周りにはいい妻、いい母と思われたくて。必死になっていい家族

アピール投稿してましたね。そして他人の幸せを喜べないんですよね。そういう時って。他人の幸せを喜べないのは、自分に満足できてないから。さおりさん！　もう答えでましたね！

さおり

え？　なにがですか？

たまみ

本当は認めてほしいんですよね。日々の頑張りを。子ども3人連れて知らないところで子育てを頑張ってる自分を。私は幸せであると証明してほしい。こんな私も【大丈夫】と証明してほしい。頑張ってる自分を評価してほしい。インスタグラムで自分を承認してもらうのに一生懸命なんですよね。私もずっとやってましたから、分かります。でも幸せの数っていいねの数ではないんですよ。

さおり

……いいねの数じゃない。

たまみ

そうです。幸せは他者の中にあるものではなく、自分の中にあるんです。他人に絶対介入されない。他人と絶対比較しない。他人の中にないもので喜びを得ること。これが幸福な状態であると思っています。基準はすべて自分です。他人を満足させるために生きてるわけではないはずです。そんなことで自分の頑張りを図らなくていい！　さおりさんが満足していないのは何度も言うけど自分の心を無視し続けているから。本当はだいすけさんに一番分かってほしいんじゃないでしょうか。

さおり

……。

たまみ

大丈夫。まこちゃん、あやこちゃん、なこちゃんにとって、あなたは最高のママです。まずは人に認められることを求める前に自分自身を認めてあげてほしい。「私頑張ってるよね」って。

さおり

結局は私ですね。

だいすけ

いや結局は僕です。

たまみ

はい。結局は自分です。今の辛い環境から自分を救ってあげられるのも自分。自分をラクにさせてあげられるのも自分。「俺さえ我慢すればいい。私さえ我慢すればいい」はいつか絶対限界がきます。あんたが悪い！　とずっと自分が被害者になっていても現実は変わりません。まずは自分がどうしたいのか、何が苦しいのかに耳を傾けてください。「母親なんだから！」の呪いを手放して、もっとわがままを言っていいんです。そして声に出して伝える。機嫌がいい自分でいるためにね。２人の幸せを子どもたちは一番望んでいますよ。

だいすけ

本当にそうですね。２人で今の環境を話し合いたい。もう俺も怖がらずにめんどくさがらずにちゃんと自分の意見も言うね。さおりから逃げてたから。

たまみ

さおりさん今一番何がしたい？

さおり

う〜ん…。1人で寝たい。

たまみ

いいですね！　切実ですね！　やろうよ。今日からとりいれよう。別にママだから子どもと一緒に寝ないといけない法律なんてない。ね？　だいすけさん。

だいすけ

はい！　頑張ってみます。

たまみ

あとは？　言っていいんですよ。本音で溜め込まず、言葉で言ってみてください。

さおり

本当は…、平日の夜が辛い。1人が辛い。

だいすけ

…そうだったんだ。ごめん。

たまみ

1人じゃ絶対子育てできないからね。さおりさん本音を言ってくれてありがとう。「本当はこうしてほしかった」「本当はこうしたい」を伝えて、一緒に少しでもラクになれるために環境を整えることを努力する。パパもママもどっちも犠牲になりすぎたらダメなんです。

だいすけ

さおりたちが地元に帰ることも検討して、2人でもう一度これからどうしていくか話し合ってみます。

たまみ

はい。常に2人が少しでもご機嫌でいられる環境を整えることが大事です。そして今後選択をする時に、どっちが正しいか、正しくないかと悩むと苦しくなる。「どちらが正しかったか、間違えていたか」と考えるのではなく、2人で選んだその選択を家族みんなで正しいものにしていけばいい。そっちにエネルギーを使ってみてください。応援してますよ！　あっ、最後に2人にお願いがあります！

だいすけ

なんですか？

たまみ

2人でほらハグして♡

さおり

え？　ここで？（笑）

たまみ

そう。今すぐここで！　ほら！　はやく！

ぎゅ～～。

たまみ

最高です！　ハグは「お互いごめんね、お互いありがとう、あなたのことを大事に思ってるよ」を一気に伝えることができる最強ツールです。今後も生活の中で意識してとりいれていってね♡　さぁ、今日はありがとうございました！　またいつでも来てください。さおりさんとだいすけさんの笑顔がいちばん!!　ありがとうございました。

～帰り道～

だいすけ

今日来てくれてありがとう。ワンオペで知らないところはきついよな…。俺は単身で、さおりたちはやっぱり実家の近くに帰った方がいいのかなと思ってる…。幼稚園の手続きとかも一緒にする。どうかな？

さおり

そっちは本当はどうしたいの？　ビシッと言ってほしい！

だいすけ

え？　俺？　俺は…、俺のわがままになってしまうけど…。本音はみんなで一緒にいたい。でもさおりが辛いなら…。

さおり

じゃあ一緒にいる。そうやってビシっと言ってくれた方が嬉しい！　でも定期的に帰ろうかな。あとこれからはすべて言葉にしてやってほしいことも伝えるわ。私もラクさせてもらう。もう6年近くずっと我慢してきた。とりあえず今日は1人で寝る！　そこからはじめる。

だいすけ

本当に？　嘘ついてない？　大丈夫？　…本当は逆のこと言っているのに気づいてよ！とかないよね？（笑）

さおり

あはは！　ありえるかもね～。女ってめんどくさいから～。だいちゃん鈍感だからな～（笑）頑張って自分にも嘘つかないで本音伝えるわ。

だいすけ

えっ、名前呼んでくれた！

さおりが久しぶりに名前を呼んでくれた。だいすけは嬉しくてたまらなかった。

嫌いにならない
思考術これな

怒りの裏側には 泣いてるあなたがいる SOSを無視し続けないで

- 人格や性格が悪いのではなく、あなたをイライラさせているその環境が悪い。即環境を見直そう！
- 夫も人間。ずっと耐えられるサンドバッグじゃない
- 自分にかけている母親の呪いを手放そう。もっとラクに生きて良し！
- 我慢のしすぎは崩壊する。「本当はこうしたい」を言っていい。自分を許してあげるところからはじめよう
- パパとママ２人の幸せが子どもたちの幸せであることを忘れないで

第4話

その呪い手放せ! 他人じゃないあなたがどうありたいか

神旦那と他人軸妻編

登場人物

テキパキ
テキパキ
ササササ
ヨシ
お〜い！ごはんだよ
キチッ
パパありがとう！
ズラ〜
いただきま〜す
カタン
ちゃんと座れ!!!
ママー!!あのねー
ビクッ
口の中に入ったまましゃべるな！
持ち方がちがう!!
あっ
ポロッ
やり直し!!!

はぁ…
本当厳しいな…
もっと楽しく
ご飯食べたいのに
夫は
周りからも高評価
いいじゃ～ん!!
本当に
神旦那だね
とか
恵まれている方よ！
と言われることも多い
仕事の帰りも
早い方で家事も
してくれる
子供には厳しいけど
愛情もある

私も働いているからお金もそんなに困っているわけではない
たしかに私は「恵まれている」のかもしれない
でも なんでだろう
なにかモヤモヤする…
夫のことを相談しても
あんな良い旦那さんいないよ!!
うちの旦那よりましよ!!
と言われるから誰にもこのモヤモヤ相談できないし…
夫は神旦那なのに…
私が求めすぎか…

ごめん!!
残業で遅くなっちゃった!
もうさ〜上司がね急に
私に仕事押し付けてきて
大変だった〜
トン
先に
手洗ってきたら?
あっはい…
んで上司が先に帰ってさ
結局資料つくったの
全部私だよ!
どう思う!?
前言ってた
資料のこと?
それなら○○ソフト
使ったらすぐできるよ
あのソフトは
使いやすくて
いいと思うよ
うん…
モヤァ

パッ
そういえば!! さっき駅で走って帰ってきたら足くじいて痛かったんだよね〜
ズバッ
靴かえるといいよ
もっと歩きやすくてフォーマルなやつ売ってるよ
……
そういうことじゃないんだよな…
え? じゃあどういうこと?
なんか…そういう言葉が欲しいわけじゃないの
でももっと歩きやすい靴に変えた方がいいと思うけどな
あもうこんな時間だ片付けもあるから早く食べてもらっていいかな?

いただきまーす…
ステキな旦那さ
神旦那!!
ぜったい幸せだよね~
ギャンブルしないんでしょ
神旦那!!
よく働いてくれるよね
私は恵まれてる!!
子供とよくあそんでくれるよね~
いいなぁ~
ハア…
もう考えるのも疲れたな……
ボ~ッ
そうですねやっぱり
子育てで一番大変なのは他人と一緒に子育てすることです
旦那さんができたんであっても悩みはあるものです

ハ～イ
お便りは
こちらまで！
これだ!!
ガッ
どうしたの？
あっちょっと
仕事の電話…！
今テレビ見ました!!
私の相談に
のってほしいです!!
コソッ
パタン
ピポピピ

たまみ

さやかさんお電話ありがとうございました！　1人で来てくれたんですね！

さやか

はい。やっぱり1人できました。夫がいると本音で話せなくなりそうで…。

たまみ

全然大丈夫ですよ。ではさっそく話を聞かせてください。

さやか

はい。電話でも少しお話ししましたが、私の夫は世間から見ると【神旦那】です。子育てもするし、優しいいし、家事もやってくれます。周りからみたら神旦那の夫にさえ私は不満を持ってしまいます。そんな自分に嫌気がさします。夫のことをママ友とか母に相談してもみんな「あんないい人いないよ！　うちの夫の方がもっとひどいよ」と言われてしまい、周りにも何も言えなくなってしまいました。神旦那なのに不満を持っている私がやっぱりおかしいのでしょうか？

たまみ
神旦那ってなんですか？

さやか
神旦那って…。子育てもして家事もして仕事もしてくれるようなそんな人のことかな？…。

たまみ
それを言うならさやかさんも神嫁ですね！　うちら神嫁じゃん！　そういうことでしょ？

さやか
私は神嫁ではないですね…。そんな自信はないですね。

たまみ
神旦那とか知らんけど、まずその他人基準を手放しましょうか。

他人基準で自分の心を無視するな

たまみ

神旦那っていうのが、そもそもおかしいよ。もちろん子育て・家事をしない人はいるかもしれませんが、夫が子育て・家事もできる【神】だからと言って自分の心を無視する理由**にはなりません**。どんな相手であっても所詮は他人ですから。何かしら「本当はこうしてほしいな」「こんなところを分かってほしいな」があって当然だと思う。

さやか

でも…。周りからも「さやかは**恵まれてる方**だよ」と言われてしまいます…。私が求めすぎなんですよねきっと…。

たまみ

でたー!!　〝恵まれてる方〟!!　この言葉も呪いだよ！　の・ろ・い!!　さやかさん呪いワード炸裂しまくりだね!!　面白いね！

さやか

恵まれてる方っていうのもダメなんですか？（笑）

たまみ

全然ダメですね！　というか恵まれている方だからと自分の心の声を無視してるところが良くないです。さっきから聞いてるとずっと誰かと比べて自分の心に蓋をしてますね。さやかさんは一体誰と比べているんでしょうか？　恵まれてるっていうけれど、さやかさんは全然恵まれてませんよ。

さやか

え!?　私はまだ恵まれてる方だと思うけど…。

たまみ

誰と比べて？　恵まれているから、私は頑張れる！　とプラスに考えられるならその【恵まれている】はプラスに働くかもしれないけれど、今のさやかさんはそれを理由に課題から逃げてるだけです。お金だけでいうと億万長者からしたら私たちなんて全員恵まれてないですよ。水道水が飲めるっていう意味では恵まれていますが（笑）

さやか

でも**普通に考えたら**共働きで、それぞれそれなりに稼ぎもあって子どももいて…。これって恵まれている方じゃないですか？

たまみ

〝普通に考える〟ってなんですか？　普通って何基準ですか？

さやか

うーん…。それなりに平均年収くらいの収入はあるので…。

たまみ

一つ一ついきましょう。どんなに〝**神旦那**〟であろうが、〝**恵まれている方**〟であろうが、勝手にあなたの中で決めた〝**普通**〟であろうが、あなたのSOSを無視する理由にはまったくなりません！　大事なのは、他人の平均年収でもなく、他人の旦那さんがどうだ〜とかでもなく、

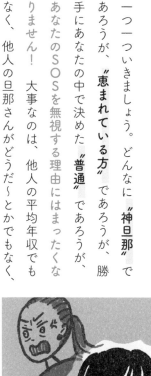

世間的には普通はこうだからでもなく、あなたがどう思っているのか！　これがすべてです。他人軸ではなく自分軸で考えてください。神旦那という言葉も恵まれている方という言葉もすべて他人との比較をしている言葉です。それはあなたが本当はどうしたいのかを無視する理由にはなりませんよ。

他人軸とは…自分が他人からどう思われているかを一番に考えて自分の心の声【自分がどうしたいか】を無視し、自分の気持ちを後回しにすること。

自分軸とは…周りの価値観や声や目を基準とせず、自分の心の声【自分がどうしたいか】を一番に大事にし、行動すること。自分の気持ちを後回しにしないこと。

さやか

みんなそんなことで悩んだりせず、頑張っているのに私だけ現状に満足できないのは良く

ないものかと思っていました。

たまみ

〝みんな〟って誰ですか？　本当にそのあなたの中のみんなは悩んでないのですか？

さやか

みんなっていうのは**世間的に**…？　ごめんなさい。もう癖になってるみたいですね私…。

たまみ

みんなって誰？　と言われると分からないですよね。みんながどうしてるのか、みんながどう思っているのかって、あなたの人生に関係しますか？　**悩んでるのがあなたならそれを解決するのみ！　ただそれだけです。**

さやか

世間的にみんなこうなら、こうしないと！　と思ってしまうんです。周りがどうしているとかすごく気になってしまいます。みんなが悩んでないことで、悩んでる自分はダメだっていうループに入ってました。

たまみ

多数決で多い方が正しいわけではなく、自分が思うこと・悩んでいることがすべてなんですよね。どうしても**多数決で決めたこと＝正しいこと**と刷り込まれているので、自分の中に勝手に作った〝みんな〟がでてくるんです。少数派でもいいですよ。自分がそれで良ければ。

さやか

うちの夫は他の人と比べたら**まだやってくれてる方**だから我慢しようとしてたけど、たしかにこれって他人軸ですね。

たまみ

「悩んではダメな人」なんていないです。**「あなたがどうありたいのか」を大事にしましょう。それが自分軸です。**

さやか

ずっと他人軸で生きてきたので、ちょっと怖いけど意識してみます。

たまみ

傷つきたくないから他人軸になって自分を守ろうとしているんです。私もこうはいっても今でも自分軸の時もあれば、他人軸の時もあります。そうやって行き来するものだと思い

ます。ただ最終的には少しでも「**本当は私どうしたかったの？**」と自分に聞いてあげることをしていけばいいと思います。他人と生きてるから、他人軸になるのも仕方ない！ さぁ！ ここからは自分軸で話しましょうか♡ 本当はさやかさんは何に今悩んでいるのかモヤモヤを話していこう！

共感力ゼロの夫たちには【共感＝解決】と示せ

はい。夫が色々してくれるのはありがたいのですが、わがままかもしれないけど…、夫は私が言うことに共感をしてくれません。正論というか…。ただ分かってほしいだけなのに正論ばっかり言ってきます。会話も面白くないし、否定された気持ちになってしまいます。

あー分かりますよ。基本的に男性って共感しないですよね。共感してくれる男性なんてしっかり教育を受けたホストくらいじゃないかな…（笑） **男性は共感力がまじでゼロだと思ってください。**

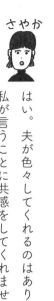

さやか

やっぱりそうなんですか…。でも夫に共感してもらいたくなりませんか？「大変だったよ～」って言った時に、「こうした方がいいよ！」って言われると自分が否定されてる気がして、萎えるんです！ もう何も話したくなくなるんですよね。

たまみ

分かるよ、萎える気持ち。男の人は**【解決脳】**だから解決したくなるんです。さやかさんにまず分かってほしいのは、**旦那さんからの発案は、決してさやかさんを否定しているわけではなく、それが彼なりの愛なんです。**愛しているからこそ解決したくなると思ってください。

コレ買えば？
こっちが正しいよ
解決脳
ああやった方がいいよ
こうしたら？

さやか

えー、そんな愛いらない。ただ共感して〝大変だったね〟〝頑張ったね〟って言ってくれるだけでいいのに！ なんでそんな簡単なことができないんでしょうか？ もう国語も道徳の授業も無意味ですね。

たまみ

それな（笑）　私も共感してほしいタイプなので、すごく気持ち分かるよ。ただ男性脳は解決脳だから解決をしたがる生き物なんです。男はそもそも共感力がゼロだから、こちら側が何も言わずして共感してくれるのを期待するのはやめた方がいいですね。そもそもデフォルトの機能で備わってない。クソがって感じだけどね！

さやか

分かりました…。ではどうすればこのモヤモヤはなくなるのでしょうか？　それでもやっぱり夫に分かってほしいと期待してしまいます。

たまみ

しっかりと提示をするんです。解決したがる生き物だからこそ、解決させてあげるんです。ようはこちら側がしっかりと**【共感をすること＝解決をすること】**をしっかりと教えてあげるしかないです。

さやか

なるほど…。どうやって？

たまみ

旦那さんはきっとなんで共感しないといけないの？　共感したって何も解決しないから意

味がないでしょ？　と思ってます。そうじゃなくて「この言葉を言ってほしい！　そうすると私は落ち着いて、また元気になれるから、頑張ってるねって言ってほしい」という風に**〝共感ワード＝解決すること〟**ということを提示してあげることが大事なんです。

さやか

なるほど…あーめんどくさい!!（笑）　でも解決脳だからこそ、これで解決することを提示してあげるんですね。

たまみ

はい。こちらから提示してあげるしかないんです。心の中では「それくらい分かれよ！　どんだけ私といるんだよ！」って本音は思うよね。でも**自分がかけられたい言葉をかけられたいタイミングで言ってくれる男性なんてまずいないです。**自分が今何を言ってくれたら心が落ち着くのかを一言一句伝えるしかない！　私も夫によく言いますよ。

さやか

どんな風に言うんですか？

たまみ

〝ねぇ何も言わなくていいから、今から私の言うことの後に「たまちゃんすごいよ」って

言ってとにかくほめてほしい〟とか〝とりあえず「たまちゃん大丈夫だよ」って言ってほしい。そしたら気持ちが落ち着くから〟と夫に伝えます。他のアドバイスはいらないと。「それで落ち着くんです」としっかり伝えてます！

さやか

偉い…。てかたまみさんそんな可愛い一面が（笑）

たまみ

うけるでしょ？　そこまで言わないと伝わらないのよ、まじで。「こっちが言わなくても共感してよ」は無理!!　もう脳の構造上どうにか解決したくなる生き物らしいので仕方ないです。こちらからしっかり伝えていきましょう！　そして1回で完璧にできる男性はほぼいません！　毎回毎回伝え続ける。3割できたら上等です。言ってくれたらしっかりありがとう！　気持ちが落ち着きました！　と解決したことを伝えま

しょう。

さやか

うわー。めんどくさそうですね…。

たまみ

最初はめんどくさいし、照れるし、言いづらいですが、徐々に慣れてきて手っ取り早くスッキリするので、期待して待つよりも先に【自分のトリセツ】を伝えた方がコスパがいい。
自分のトリセツは自分で伝える！ ぜひやってみてください。

さやか

分かりました。ちょっと勇気いるけど伝えてみます。

たまみ

ちなみに伝える時の注意ですが、否定から入る指摘ほど人は聞きたくないです。〝正論はいらないから共感してよ！ これくらい言ってよ！〟と相手を否定をする依頼ではなく〝こう言ってくれると私は落ち着くから嬉しいな〟って伝えてみてください。否定よりも「私は嬉しいな」と私を主語にしたアイメッセージで伝える方が人の心は動きます。

そこにいるのはプライドの高いアンパンマン

たまみ　そして補足だけど、男性は【ヒーロー願望】を満たしてあげるといいよ。

さやか　ヒーロー願望？

たまみ　そう。家族のヒーローにしてあげるんです。そこにいるゆうたは本当はアンパンマンなの。開花してないアンパンマン!!

さやか　開花してないアンパンマン!?（笑）

たまみ

そう！　アンパンマンもきっと、お腹がすいた子どもに顔をあげて喜ばれるからこそ誰かを助けるんだと思う。もし誰も喜ばない。誰も求めてない。顔をあげても「まずい」と言われたら多分アンパンマンもやる気なくすわけよ。※個人的意見です！

さやか

たしかに…。せっかく顔をあげたのに感謝もされなかったら、私がアンパンマンならもうパトロールやめるかも（笑）

たまみ

まじでそれな。男性は特に「ヒーローになりたい」ヒーロー願望が強いと思っていた方がいい。自分のおかげで喜んでもらえて、誰かの役に立っていること、貢献できていることにものすごく喜びを感じます。ようは**自分をヒーローにしてくれる人がいいんです。**

さやか

えー。なんかつけあがりそうですねそれ。

たまみ

それだけ聞くとそうなんだけど、ちょっと違うんだよね。厳密に言うと、ヒロインであるあなたの役に立ちたい！　ヒロインから感謝されると最高に嬉しい！　ヒロインから必要とされたい！　ヒロインを守ってる俺はかっこいい！　ヒロインの笑顔が好き！　ヒロインが俺を必要としてくれてる！　よし俺すげー!!　そして自己肯定感高くなって、「居心地が良くなる」みたいな感じだよ本当に。

さやか

単純か!!

たまみ

まじそれな。アニメのアンパンマンよりちょっと幼くて、さらにプライドが高いアンパンマンぐらいがしっくりくるかもしれない（笑）

さやか

プライドが高いアンパンマン!!　でも私はゆうたにとってはもうヒロインとかではないです。男女の関係もないですよ…。ハグとかキスとかも。

たまみ

自分からヒロインであることをやめている可能性ない？　素直になれなくて。言葉で伝え

られなくて。夫側もプライド高いからガミガミ言われたくないし、批判・否定から話をされるとアンパンマン元気なくなるのよ。顔が濡れて力がでないんだよね。「私は〇〇してくれると嬉しいな!」って素直に伝えること本当に大事だよ~。結局はそこなんだよな。

さやか

戦略的ですね。たまみさん!

たまみ

夫婦なんていかに戦略的かだよ。結婚したんだから分かってよ! それくらいやれよ! というのは本当に無理。まぁ脳内では色々と私も思ってるけどね。でもいかに戦略的に「自分は家族に貢献してる!」「自分は役に立っている!」「喜ばれている!」と思わせられるかが鍵だよまじで。

さやか

なんでこっちが合わせないといけないの? って思わないんですか? うちは家事とかやってもらってる方だからあれだけど…。

たまみ

分かるよ。私も脳内では「こんくらいやれよ、バーロー!」とか思ってる(笑) 脳内で

なにを思おうが自由。ただ全面的にそれがでると相手もさらに萎えるので、私は戦略的感謝でヒーローにしてあげた方がラクでした。そこのプライドはもう捨てた！

さやか

そう。その変なプライドが邪魔をする!!　悔しい！

たまみ

男性は女性に共感し、労いを言葉にする。女性は男性をヒーローにしてあげて素直に感謝する。これでほとんどの夫婦仲の問題は解決するんだよ。でもなかなかそれができないんですよ！「なんで俺ばっかり！」「なんで私から？」が邪魔をしてね。でもそれ続けても一生しんどいだけだから、気づいた方が先に戦略的に変わっていくしかないんです。**すべて自分のためにね。**

さやか

戦略的なのも全部自分のため…。

たまみ

そう。すべて自分のためです。完璧は無理かもしれないけど、今よりも夫婦仲が少しでも

良くなれば、家の雰囲気も良くなって、子どもにも自分にも優しくなれて、余裕が生まれて…。圧倒的に自分にとってこっちの方がお得じゃない？

さやか

そうですね。ギクシャクしてる時って本当に空気悪くて…。

たまみ

なんか心地いいなって思う環境を自分のために作ってあげるんです。相手のためではなくもはや自分のため。そう思うとさっきよりできそうじゃない？　合わせたりするのは負けだと思うかもしれないけど、勝ち負けではないんです。すべて自分のためです。

さやか

自分のためなら頑張れそうです。たまみさんはどうやって旦那さんのヒーロー願望満たしていますか？

たまみ

すごく簡単なことから言うと、家族で外食に行った後、必ず子どもたちの前で〝こんなにおいしいご飯食べられるのは、パパが頑張ってくれてるからだよ～！　パパありがとう！

ご馳走さまです〟とか言ったりしてるよ。そしたらまんざらでもなさそうな顔してるよ（笑）

さやか

まんざらでもない顔！　想像つくな〜。

たまみ

リアルな話ですが、特に男性は社会的地位（仕事のことや役職やお給料など）にはすごく敏感だと思っています。ここに関してはプライドが高いし、傷つけられると豆腐メンタルor逆ギレになるので、社会的地位も含めて笑顔で「ご馳走さま」「お仕事頑張ってくれてありがとう」「いってらっしゃい」「すごいね」「無理しないでね」「〇〇くんなら大丈夫」みたいな声をかける。今のあなたに十分満足していますよって示すんです。もちろんお給料が減っても責めない。これはプライドが傷つくからね。豆腐メンタルアンパンマンだから。

さやか

えー…。なんかキャバ嬢みたいなんですけど…。

たまみ

あはは!!　たしかに言われてみればそう捉えられても仕方ないかもな。どちらかというとバタコさんかもな～（笑）。まぁ、脳内キャバ嬢でもバタコさんでもそう接してみたとするよ？　結局それでさらに頑張ってヒーローになって家のことも仕事も共感もしてくれるなら、そっちの方が圧倒的にうちらにとって得でしょう？

さやか

まぁたしかに。

たまみ

同じ事柄でもね。「もっと私に共感してよ!!　なんで分かってくれないの？」と伝えるよりも「ただ大変だったねって言ってくれるだけで、私は安心できて、また頑張れるんだよね。ゆうた君に共感してもらえると嬉しくなるんだよね!!　ありがとう！」と伝えた方が夫は同じ事柄でも捉え方は違う。

さやか

たしかに後者の方が、私が言われたとしても嬉しいですね。これ家事のお願いをする時でもそうですね。なんなら職場でも使えそう！　そっちの方がやろうと思える。

たまみ

人は否定されても心は動かない。感謝をして相手の願望を満たしてあげる方が人の心を動かせる。まぁなかなか余裕がないとできないんだけど、意識をするかしないかで大きく変わると思います。ぜひ実践してみてください！　あともう一つパートナーとのコミュニケーションで大事なことがあります。

さやか

はい！　知りたい！

【ありがとう】と【ありがたい】は違うよ

私がベストセラー作家の星渉さんとボイシーで対談した時に、度肝を抜かれた話をするね。感謝をすることの話になった時に、星さんに質問されたの。

星さん

感謝をすることと、ありがたいなと思うこと、この二つは何かが違うんです。なんだと思いますか?。

バブたま

…ん？　どう違うか？　なんだろう。

星さん

例えば、今日起きたことで感謝することをなにか一つあげてください。

バブたま

今日は夫がご飯を作ってくれたので、感謝しています。

星さん

素晴らしいですね！　実は、感謝って2種類あるんです！　一つは、条件付き感謝、もう一つは、普遍的感謝。それで、多くの人がしているのが、条件付き感謝なんです。ご飯を作ってくれたから感謝しよう。○○してくれたから感謝しよう。でも、条件付きの感謝ばかりすると、最悪の場合、鬱になっちゃうこともあるんです。

バブたま

え!!　うそ!?!?　本当だ！　全部条件付きだ!!

星さん

条件付き感謝しか知らないと、「あれ？　感謝したいのに、私、今日感謝したいことがない！」「感謝するようなことをしてもらえていない！」となってしまうんです。

たまみ

たしかに…。私の条件通りしてくれないと感謝できないし、逆にイライラしそう。

星さん

普遍的感謝は【ありがとう】ではなく【ありがたい】なんですね。
例えば…ご飯を作ってくれてなくても元気に帰ってきてくれたから「ありがたいな」
子どもがご飯こぼしたけどそれくらい元気ってことか「ありがたいな」
なにか特別なことがなくても「ありがたいな」という感謝の気持ちを思えることが普遍的感謝と言われています。そうすると特別なことがなくても、自分が完璧じゃなくてもいいなと思える。幸福度が高くなるんですね。

たまみ

それってかなり難しいと思うのですが、心の中で「クソが」って思いながらでもいいんですか？（笑）

星さん

最初はフェイクでも口に出すだけで大丈夫です。思考というのは癖なので、英単語を覚えるように、「元気でいてくれてありがたい」「元気でいてくれてありがたい」「元気でいてくれてありがたい」と反復すると脳も特別なことがなくても「元気でいてくれて、ありがたい」と思うようになるんです。子どももパートナーにもすごくいいですよ。

たまみ

と星さんに言われたのね。正直条件つきなことしか思いつかない自分にかなり驚いたよね。この人が今日ここにいること、息していること、起きてきてくれたこと、生きていることに感謝する。いるのが当たり前すぎてそんな気持ち1ミリも思えてなかったよね。

さやか

そんな神の領域みたいなこと私も全然できていませんでした。「条件付きの感謝」しかたしかにできてない…。だから夫が少しでもできてないとすごくイライラしてしまうし、嫌なところばっかり目についてしまう。ずっと求めている自分がいます。

たまみ

そう。いつのまにか減点法で夫を図るようになってしまうんだよね。だから私もとりあえず自分にも条件付きのありがとうではなく、生きていてありがたい！　指動いてるありがたい！　息しているありがたい！　瞬きできてるありがたい！　ってまずは普遍的なありがたいを自分に伝えたり書いたりしたよ。

さやか

旦那さんにはしないんですか？（笑）

たまみ

したよ!!　でもまずは自分からかな〜と思って、まず自分にしてあげて、そして旦那さんにも伝えることにしたよ。まだ月に一回だけどね。夫婦ミーティングっていうのを月初にすることにして、その時に条件付きではなく普遍的なありがたいを伝えることにしました。なかなか照れるから毎日はできないけど…。とりあえず第一歩!!　いや〜夫婦仲ってさ、変なプライドも邪魔するし難しいよね。一番近いからこそ難しいのよ。

さやか

すごい！　たまちゃんすごい!!　月1でもすごい。

たまみ

とりあえず2人で旦那さんに向けて、この紙に普遍的な「ありがたい」をまずは20個書いてみましょうか。これ読んでる人もぜひやってみてください。条件付きではなく普遍的なありがたいです。

さやか

え!?　20個!?　分かりましたやってみます。

たまみ

できました？　おお！　いいですね☆　絞り出してる感がまたいい！（笑）

さやか

途中で条件付き感謝になってしまっている自分に気づきましたね。でも意外にできたかも！

たまみ

私もまだ修行中だけど、最近ようやく普遍的なありがたいができてきたよ。当たり前のこと小さなこと、存在とかもありがたいって。夫にもし何かあったら…と考えると、この今のなんでもない日々にありがたいなって思えたりね。**幸せは歩いてくるものでも、つかむものでもなく、気づくものなのかもな〜**って思ってる。自分へのハードルを下げるためにも、「ありがたい」の反復練習はやってみて！

さやか

やってみる！　私もその夫婦ミーティング、パクります！　どんなこと話してますか？

たまみ

我が家は、

・先月の振り返り（相手にしてもらった嬉しかったことや夫婦の課題や改善できること）
・今月の過ごし方（やりたいこと、お互いの忙しいところのすり合わせ、スケジュール確認）
・相手に感謝してるところ

って感じで条件付き感謝も普遍的ありがたいもここで伝えています。素直に話すのが大事。途中喧嘩っぽくなることもあるけれど、最終的には、どちらか一方が悪いわけではなく私たちの環境をどうしていくかを話しあうためのミーティングにしているよ。

さやか

我が家もやってみます！　忙しいと話す時間なんて…と思うけど月にまずは1回でもやっ

てみます。あともう一つだけ相談したいことあるんですけど時間大丈夫ですか？

たまみ

どうぞどうぞ。

子育てを夫婦で統一すべきはしんどいよ

さやか

子どもの接し方や子育てのやり方で夫と違うことがあり困っています。夫は厳しめに子どもに接します。ご飯の食べ方も厳しくて…。子どももパパの顔色をうかがうようになりました。親子関係はいいけど、言い方がきつい時とか、「そんな言い方しなくてもいいのに」と夫の発言を聞いているとイライラしてしまうんです。それよりも愛情表現をもっとしてあげてほしい。「子どもの自己肯定感下げないで！」とイラつきます。子どもに厳しすぎるのはどうしたらいいでしょうか？

たまみ

うーーーん。うちの夫も同じタイプ（笑）大きな声とか男の人が出すと本当怖くて。そ

れでこっちもイライラするというループだよね。分かるわ〜。

さやか　そう！　もう子育てのやり方が違いすぎて…。メンタルが最悪な時は、夫に対して「こいつは子どもにとって悪影響だ」と認定してしまって本気で別居とか考える時もあります。

たまみ　ちなみにさやかちゃんは**子育ての接し方は夫婦で統一すべき**だと思ってる？

さやか　思いますね。だって子どもが困惑しませんか？　最後にケアするのは結局私ですよ？

たまみ　分かるよ。私もそうだったから。子どもの接し方を統一すべきだ！　と思っていた時ほどとても苦しかったんです。そんな時に、インスタで発信しているゆんぱかちゃん（@yunpaca00）という看護師さんの言葉で「子どもの接し方も

夫婦で違って当たり前」という投稿があったの。

そこに書かれていたのは、「関わる大人の数だけ色んな対応がいい。そんな環境だからこそ学べることもきっとある。迷った時は夫婦で相談することもあるし、ここは統一しておこうって時もある。だけど、そんなに何から何まで一緒じゃなくて大丈夫。自分の考えを押し付けている時は　夫がこんなにも子どものことを考えてくれるって知らなかった…。【夫婦で統一すること】をやめてみて本当に良かった」

というようなことが書かれてて…。その時の私も「**統一すべき**」と思い込んでいたので衝撃だったよね。そしてね。統一すべきと思っていた時こそ、たしかにこう接してほしい！　こういう言葉がけをしてほしい！　という私の価値観のみを押し付けて夫に期待してた。もちろん夫は他人なので私が思うような愛し方はできない…。さらにストレスが溜まって夫の意見を聞こうともしなかった。私の考えが間違えてるわけがない！　と正義を押し付けて。

さやか

私も衝撃なんですけど…。統一すべきだと思っていた。

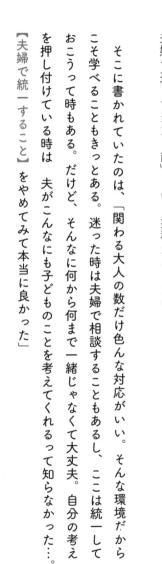

たまみ

ちなみにさやかちゃんのご両親はどうだった？　子どもへの接し方統一してた？

さやか

いえまったく…。私の両親は母親の方が厳しくて、父親がのほほんとしていました。私は幼い頃から母と父の前で態度変えたりしてましたね（笑）

たまみ

そうなんだよね。ちなみに私もだよ。祖母が日常生活の小さなことはガミガミうるさかったな～。でも本当にやってはいけないことをやってしまった時は父が叱ってくれた感じ。なんか役割が違ったんだよね。だから子どもだった私も祖母と父とで態度変えたよね（笑）

さやか

そんなもんなんですね。

たまみ

まじそんなもんよね。もちろん限度はあると思う！　あまりにも厳しすぎて人格否定したり、ダメ出しばかりで、手がでてしまうとかは話し合いが必要。もちろん「この言葉は傷つくからやめよう」とか小さなことはあるけど、でも大きな枠で見て**【子どもへの接し方**

夫婦で統一すべき】をやめて少し私はラクになった。自分の中の思い込み・当たり前を疑ってみるって大事だよね。

さやか

全部統一する方がいいって思ってた…。私の方が子育てのことを勉強して分かってるから私が正しいと思ってた。

たまみ

押し付けるから、どこか上から目線になる。そうするとさらに悪化していくんだよね〜。でもいつかきっと息子たちが社会に出た時に、世の中には優しい人だけではなく、厳しい人もいるかもしれないから、社会には色んな人がいるという学びになっているんだと思う。私たちが人によって態度を変えていたように（笑）。子どもってすごいよね。

さやか

いやー、本当そうですね。変えてましたよね、いやー、衝撃でした。

たまみ

あとは旦那さんらしい愛情表現もきっとあるはずだよ。怒り方も夫婦で違うように、子どもへの愛情表現も夫婦で異なると思う。ゆうたさんなりの愛情表現をきっとしていると思

うよ。

さやか

ありますね！　２人で楽しそうに砂と石で水路？　作って水流してみたりとか…。あーでもないこーでもない言ってますよ（笑）　あと休みの日の前には夜までゲーム一緒にやって、よく喧嘩してます。よく怒ってますけどボーナスでたらすぐ欲しがってるゲームソフト買ってあげたりとか…。

たまみ

めっちゃ親バカしてるじゃないですか！

さやか

本当ですね…。【子育ては夫婦で統一すべき】と思い込んでたので、自分とは違うところばかり目がついて、彼なりの愛情表現を見ることができていませんでした。すべて統一するべきという思考はやめて、その都度分からなくなったら話し合っていきます！　あー夫

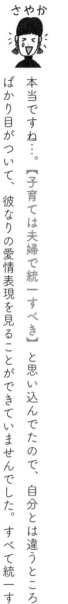

帰って大変だ〜。でも話せてなんかスッキリしました！

みんな違ってみんな大変

たまみ

さやかちゃんがここに来た時は、こんなことで悩んでる私なんて…。と言っていたけど最後は別人のように素直に話してくれてありがとう♡

さやか

本当だ（笑）。周りと比較して自分なんかのレベルで悩んだらダメだと自分の心に蓋してたけど、今日はそんなこと気にせずお話しできて本当にスッキリ!! やっぱり自分の中だけで溜めずに自分の外側に出すことすごく大事ですね。

たまみ

自分の心を無視していい人なんていないんだよね。子どもの性格やママの性格やキャパ、環境もみんなそれぞれ違う。大変だと思うこともレベルもそれぞれ違って当たり前。大変さに上も下もない。みんな違ってみんな大変なのよ。

さやか

子ども1人しかまだいないのに…。夫は家事もやってくれるのにと思ってました…。

たまみ

パートナーがいたらいたで大変だし、子ども1人の子育てはそれはそれで大変なこともある。子ども2人の子育ては2人の子育ての大変さ、年子は年子の大変さ、双子は双子の大変さ、シングルマザーはシングルマザーの大変さ、若いママは若いママの大変さ、高齢出産したママは高齢出産したママの大変さ、ワンオペはワンオペの大変さ、専業は専業の、共働きは共働きの、同居は同居の、みんな違ってみんなそれぞれの大変さを抱えてるの。

さやか

本当にそうですね…。

たまみ

だからこれからも他人と比べて自分の心に蓋をするのではなく、あなたはあなたで大変。私は私で大変。当事者である本人が大変だと思えばそれがすべて。無視せずしっかり吐き出していい。泣いていい。助けを求めてもいい。辛いって叫んでいい。弱くていい。大丈夫、そんな自分もまず自分が許してあげることが大事。

さやか

あぁ泣きそうです……。ずっと自分の心を無視してきて……。ずっと自分を責めてました。もう今日からやめます。私が辛いと思ったことがすべてですね。

たまみ

いいね！　大変さを比べない。自分の心を基準にね♡

さやか

はい。他人ではなく私の心がどう感じているのかを大事にしていくね！　たまちゃんありがとう！　夫が帰ってきたらさっそく今日の話をして、「さやか頑張ってるね」ってゆうたに言ってもらって抱きしめてもらう!!

たまみ

いいね！　いってらっしゃい！　自分の芝生をスーパーブルーにすることだけを考えていこう！　LOVE自分で♡

さやか

ＬＯＶＥ自分！　ありがとうございました!!

来た時とはまったく違う、最高の笑顔でさやかは帰っていった。

嫌いにならない
思考術これな

他人じゃない あなたがどう思うのかを 大事にしてこ!

- ☑ 他人がどうあるかはあなたのSOSを無視していい理由にはならない
- ☑ ありがたいの思考癖で幸福度を高めよう
- ☑ 子育てのやり方をすべて夫婦で統一しようとしなくてよし
- ☑ 相手を否定するより、感謝したほうが相手の心は動かせる
- ☑ みんな違ってみんな大変。人の大変さと比べなくていい。あなたが辛いと思ったならそれがすべて

第5話

戦場だよ!
これが本当の
産前産後トリセツ

こじらせ妊婦妻編

登場人物

りょう　まゆみ　カナ

フーッ
ごめん　りょうくん
やっぱり気持ち悪いから
横になっとく…
じゃあカナ
連れて公園
行ってくるわ
ママも一緒!!
ママと行く!!
カナちゃんごめんね
ママきついから
お休みしておくね
ウッ…

ヤダ〜〜!!
ママがいい!! ママと遊ぶ〜〜!!
ごめんね…もう少しで一緒に遊べるから…ごめんね…
……
その日の夜…
寝たよ
最近ずっと何もできなくてごめんね…
1人目のときはこんな感じじゃなかったのにな
もう安定期だよね？ちょっとは楽になったりするんじゃないの？

なんかしんどいんだよね
気の持ちようじゃないかな？
つわりって病気じゃないし
なに？私が演技でもしてると思ってるの？
しんどいって思うからしんどくなるの正直ない？
はぁ!?

こっちはあなたの子を妊娠してしんどい思いしてんだけど…
ありえない…
俺だって育休とるために上司とかの顔色伺って大変なんだよ
休みに入る前に仕事集中したい…
カッ
なにそのやってやってる感!!
子作りしたのはあなたでしょ!?
ハァ…
もう2人目なんだからさ…そうやってキツそうにされると俺もしんどいわ…
ちょっと待って!!
何あなたが勝手に慣れてんの?

そんなに言うなら
あなたが
産みなさいよ!!
誰の子を
産むためにこんな思い
してると思ってんのよ!!!
2人目なんて
妊娠するんじゃ
なかった…
ハッ
そんなこと
思ったらダメ…!!
ごめんなさい
ごめんなさい…!!!
ボタ
ボタ
ボタ

ボソ…
りょうくん… 父母学級あるから行こう…
あ〜
1人目の時に行ったからいいかな
沐浴とか妊婦さん体験するやつでしょ? ユーチューブで見とくから大丈夫
違う…
普通の父母学級じゃないの…
え? じゃあなに…?
ギョ
これが本当の…
父母学級…
・これが本当の父母学級!!!
バブたま
駆け込みの
父母学級
ENTER
・これが本当の父母学級は
ママ界のエンターテイナー

たまみ

今日は来てくれてありがとうございます。そして妊娠おめでとうございます！

まゆみ

ありがとうございます…。

たまみ

分かりますよ。何人目だとしても不安ですよね。今日はじっくり話していきましょう。

まゆみ

よろしくお願いします。

こじらせ妊娠妻のトリセツ

たまみ

今日来てくれたのには理由があるはずです。話を聞かせてください。

まゆみ

はい。夫が妊婦である私の気持ちを分かってくれません。つわりも「**気の持ちよう**」「**きついと思ってるからきつくなってる**」って言ってきたり…。明らかに1人目の妊娠の時と態度が違いすぎる。はじめての妊娠の時はもっと優しかったのに…。この人は本当に2人目が欲しいのか分からなくなります。

りょう

いや。欲しいと思ってるよ…。

まゆみ

いや、絶対思ってない。私が気持ち悪くて寝てたらイライラしてるじゃん。何もしてないダメな奴って言われてるように感じるの！　気の持ちよう？　じゃああんたが妊娠代わってよ!!

りょう

代われないじゃん。

まゆみ

1人目の妊娠の時はもっと優しかったよね？　なんで今そんなに冷たいの？　2人目いら

なかった!?

りょう

状況が違うだろ。カナもいるし。

まゆみ

あんなこと言われて…。もうこんなんなら妊娠しない方が良かったとすら思ってしまうんです…。そんな自分が情けなくて…。

りょう

はぁ…。

まゆみ

どんだけ体辛いか…。うぅ…。もう赤ちゃんいらないってこと!?

りょう

落ち着けって。誰もそんなこと言ってないだろ。

たまみ

○Kです！　ストップ～！　どっちも悪くないです。もうね、ホルモンバランスと環境が全部悪い!!　ホルモンは本気で恐ろしい奴なので、じっくり話しましょう。

りょう
まゆみ

…。

たまみ

ちなみにまゆみちゃんとまったく同じことを、妊婦の時に私も旦那に言ってました（笑）かなり悲観的になってしまうんですよ。ほぼ毎日、体が進化して、自分でも心が追いつかないんです。シンゴジラでいうと毎日第2形態…、次の日第3形態…、次の日第4形態…、第何形態まであんの？　って感じですよ。そのくらいの変化があると思っていてください。

りょう

シンゴジラ…（笑）

たまみ

まぁそうなってくると2人の子なのに〝なんで私ばっかり〟とどう頑張って考えても【被害者脳】にしかなれなくて。Theヒステリック女になる。アメリカ軍がきても抑えられない。

りょう

最近まゆみはいつもこんな感じで…。きついのは分かるけど、俺も仕事してきてるのに…。

まゆみ

やってやってる感むき出しなのが嫌なの！　それならやらなくていい。私が悪者みたいでしょ？　私だって動きたいのに体が思うように動かないの！

りょう

分かってるって。だからやってるじゃん。

まゆみ

どうせ手伝ってやってるって思ってるんでしょ？　その部外者面がイラつくの！　あなたとの子だよ!?　あなたが子作りしたんでしょ？　こっちは出産だって不安だし…。この気持ち分かる!?

りょう

分かるって言っても怒られるし、分からないって言っても怒られるし、どうしたらいいんだよ。

たまみ

ＯＫです。まゆみちゃん。残念ながら男の人に「私と同じレベルで理解して」と求めるのは難しいです。妊娠出産はどう頑張ってもパパは当事者じゃないから。「いや当事者意識もてよ。お前の子だろ？」って思うけど、本当の意味では難しいです。経験してないものを理解するってできないんだよね。悔しいけど。

まゆみ

だからって…。あんな顔されると私が邪魔者みたいに思えてしまって虚しくなります。

たまみ

そうだよね。まゆみちゃんも故意にやっているわけではないからこそ虚しいですよね。2人にそれぞれお伝えしますね。まずはりょうさん！　妊娠出産なんて分かりっこないかもしれないけど、分からないなら分からないなりにできることはあります。

りょう

はい。

関心を持つことが生きる力になる

たまみ

二つあります。まず一つ目が男性は出産も妊娠も代わってあげることはできません。だから本当の当事者意識を高くもって理解するのは難しいと思う。当事者意識をもちすぎて、一緒にオエーって吐かれても困るし（笑）だけど分からないなりに【感謝すること】【関心を持つこと】は言葉に出してできると思います。かなりシンプルなんですが、もうこれに尽きます。

りょう

そんなことでこの状況が落ち着くんでしょうか？　家のことも子育てもやってますよ。

たまみ

言葉で伝えてもらえるだけで安心ができるんです。ただ安心したいだけなんです。大事にされているなって安心したい。それを意識するだけで言葉は変わります。

りょう

例えばどんな…？

たまみ
例えばですが…。

優りょう
体調どう？　大丈夫？　しんどいよね。横になってていいよ。

優りょう
全部分かってあげられなくてごめん。ありがとう。

優りょう
食べたいものあったら言ってね。何食べたい？

優りょう
赤ちゃん動いてる？　楽しみだね。触ってみてもいい？

優りょう
頑張って赤ちゃん育ててくれてありがとう。

本当の意味で理解なんてできるわけがない。だって経験してないから。でもそこに関わろうという姿勢があれば、辛いけど頑張ろうと思えるパワーになるんです。本当に欲しいのはりょうさんからの理解というより、関心なのかもしれません。分かってあげられないけれど、心は通っているよという安心感が欲しいんです。

りょう

…まぁ言えてませんね。

たまみ

りょうさんを責めているわけではないです。そんな言葉を言う余裕すら今のりょうさんになかっただけです。りょうさんも頑張ってますから。環境のせいなんですよね。でもずっと妻に当たられるのもりょうさんも辛いと思うので、お伝えしてます。

まゆみ

そんな言葉言ってほしいです…。私も横になってばかりで申し訳ないと思っているけれど、頑張ってることも認めてほしいし、もう少しお腹の赤ちゃんに関心もってほしい…。

たまみ

2人とも見てください。これが妊婦さんの体の中で起こっていることです。

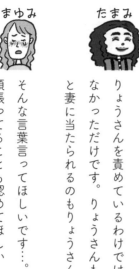

りょう
えっ内臓が…。

たまみ
はい。内臓がもうへちゃ曲がっててておかしくなってますよね。そりゃ呼吸も苦しいしご飯食べるのも一苦労。膀胱も押しつぶされてるから、おしっこも頻繁に行きたくなるし、普通に考えて体に心臓が２個あるってやばくないですか？（笑）

りょう　まゆみ
これはやばいですね…。

たまみ
ちなみにりょうさんは父母学級で着用する【妊婦体験ジャケット】ってありますよね。体験したことありますか？

りょう
１人目の父母学級の時にあります。

たまみ
正直どう思いました？

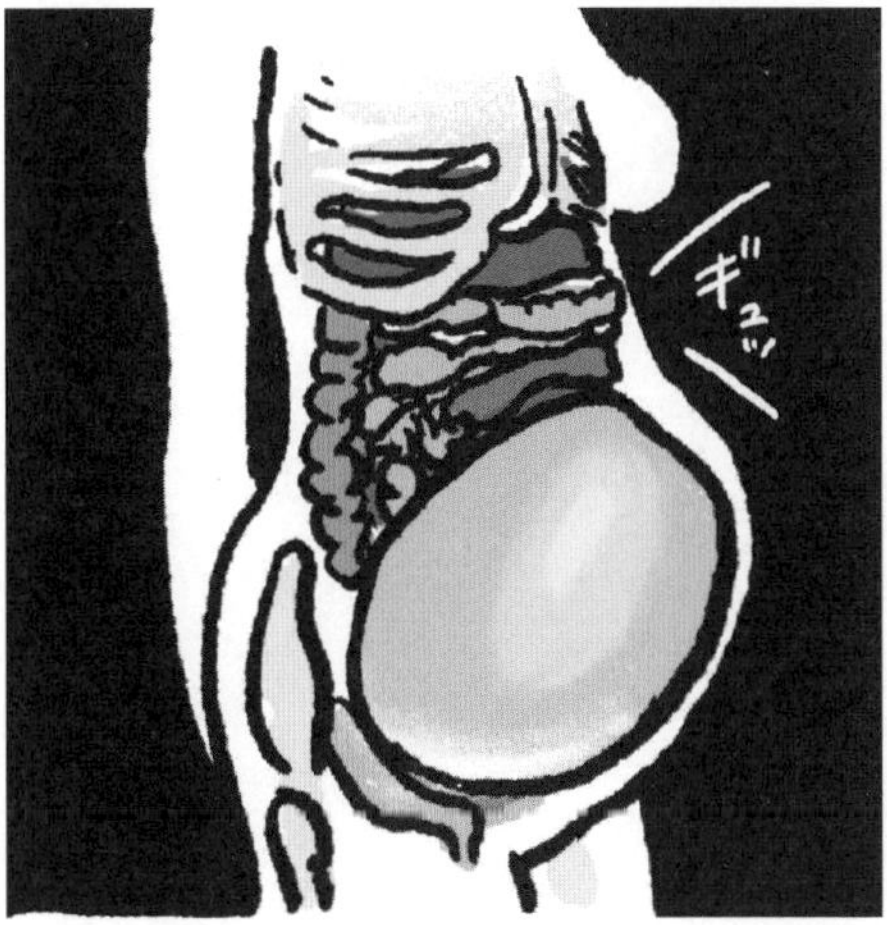

りょう 大変そうだな…、とは思いましたが、そこまで重く感じなかったです。

たまみ ですよね。ジャケット7kgあるらしいんですが、男性だと正直楽勝だと思います。まぁ男性と女性で体重を考えると人にもよるけど約1・5倍はあるとして、11kgくらいのものが、内臓をぶっつぶしにきているって感じですかね。24時間ずっと。さらにつわり…もうなんでこんなしんどいんだ…（笑）

りょう これはもう言葉にならないですね…。

たまみ 人にもよりますが、さらに二日酔いのひどいバージョンと胃腸炎と貧血と船酔いがずっと続く感じです。こんなことが体験できるジャケットがあればいいんですが…。パパたちにぜひ体験してほしい（笑）

りょう

二日酔いは…。きつい。

たまみ

でもどう頑張っても代わってあげられないし、パパに当事者意識を持ってもらいたいけれど、きっとママと同じくらいの高い意識は持てないからこそ、言葉で【感謝して】【関心を持つこと】はできると思うんです。さっきお伝えした言葉のように。

りょう

難しそうだけど…。これに比べたら…。伝えます。

たまみ

そしてもう一つは…ある程度ですが、パパも「嫌われる勇気」を持つことも大事です。ホルモン野郎は想像を絶するのよ。

ホルモンってまじエグい

りょう　『嫌われる勇気』…読んだことあるな…。

たまみ　最初に心の準備をしておいた方がいいです。妊娠前と産前・産後は妻はホルモンバランスで別人になると思っておいたがいい。あと生理もね。

りょう　あぁ…、またホルモン…。

たまみ　まぁそう思ってしまいますよね。実は女性ホルモンも一つだけではなくたくさん種類があるんです。妊娠を維持するための女性ホルモンや、

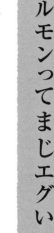

母乳を分泌するホルモン、胎児に栄養を送ることができるようにするホルモンなど、女性ホルモンの働きのおかげで妊娠することができ、妊娠が継続でき、分娩ができるんですよね。まじでホルモン様は妊娠出産に超重要な任務を果たしてるの!! そして分娩を期にジェットコースターの急降下がはじまる…。

へー…。女性ホルモンって一つだけだと思ってました…。

逆に…。男性ホルモンがりょうさんからなくなったら…。例えばですが勃起しにくくなったり、性欲なくなったり、ハゲにもなるかもだし、メタボになるし、メンタル不調で鬱にもなるかもしれない…。男性ホルモンが低下するだけでも、これだけ体に影響及ぼすんですよ。ハゲたいですか？

りょう

嫌…ですね（笑）

たまみ

そのホルモン様が一番ピークに激増激減するのが産後。更年期障害と一緒で、私から言わせてみれば【産後障害】ですね。

備えあれば憂いなし【産後障害】

たまみ

女性ホルモンの影響で気性が荒くなったり、情緒不安定になって落ち込んだり、恐怖感がでてきたり、むしゃくしゃしたり、とにかくホルモン野郎に振り回される。まじで【産後障害】だと私は思っています。本当にこれまで見てきた妻じゃない妻の姿を見るかもしれません。更年期と同じような体の状態になるので。だから…。本当に心苦しいのですが、産前や産後は、「俺嫌われるかもな」という心構えはある程度必要だと思います。「嫁のサンドバッグになるかもしれない」と最初から心構えをすることってめちゃくちゃ大事です。

りょう

でもこれ…当たられる方もしんどいですよね。

たまみ

そうですよね。パパだって人間ですから。ただこの心構えがなく、理想と現実のギャップに差がある方が苦しいので、「もしかしたらホルモンでおかしくなって当たられることもあるかもしれない」という心構えはしていた方がいいです。大丈夫です。永遠ではありません。もはや防災ですよ。

りょう

防災ですね。本当に。

たまみ

いつ起こるか分からない災害に備えて、起きた時はそっとしておこう、起きた時は逆ギレする前に離れよう、子どもを連れて外に避難、泣き出したら背中をさすってあげよう…。それでも理不尽な爆発が起きるかもしれない。という心構えができてるかで全然違います。もう全女性を代表して謝ります！　理不尽でごめんなさい！

りょう

心構えは大事ですよね、そうならないことを祈りますが…。

たまみ

私も一緒に祈ります（笑）本当に色んなリスクが高い時期だと思っています。鬱になるリスク、自殺するリスク、離婚率も一番高いのが産後といわれています。産後障害だと思って心構えをすることは本当に大事。その心の準備がないとギャップにやられるからね。

りょう

備えあれば憂いなしですね…。

たまみ

そうですね。ただ、パパも感情がある人間です。ママ側がやりすぎたら相手のケアをすることも私は大事だと思います。落ち着いた時にでも、「ごめんね」の一言、「ありがとう」

の言葉。これはお互い大事。そこは忘れたらいけないと思う。そして次はまゆみちゃんへお伝えしたいことがあります！

まゆみ

はい。お願いします！

戦場から帰ってくる夫へ「いつもありがとう」

たまみ

ちょっとオーバーなくらいで、「相手は大変なんだ」という気持ちを持つことが大事です。

まゆみ

相手にって…。旦那にですか？

たまみ

はい。これは産前産後に限らず、これから一緒に生活していく上で、子育てや家事をして

いると**「私ばっかり」「なんで分かってくれないの」「私さえ我慢すれば…」**って思ってしまう時があるよね。

まゆみ

はい。今すでに思ってます！（笑）

たまみ

そうだよね（笑）まゆみちゃんも妊婦でしんどいからね。でもそのしんどさを、もしパートナーであるりょうさんが分かってくれたら嬉しくないですか？

まゆみ

嬉しいですよ！　分かってほしくて今日きてますから。少し分かってくれたようでホッとしてます。

たまみ

同じように私たちもパートナーの大変さを分かってあげることを、忘れてはいけないと思っています。人はみんな自分の大変さを分かってほしい生き物だから。

まゆみ

そうなの？　分かってほしいの？……。

りょう

そりゃまぁ。分かってくれないより、分かってくれた方が嬉しいよ。

たまみ

きっとりょうさんの職場にも色んなことがあるはずなんです。私たちには見せてないだけで。仕事で頭を下げたり、上司に嫌なことを言われたり、プレッシャーもあると思います。どっちも苦しいことがあるんです。もうね、2人ともめっちゃ頑張ってるの。

まゆみ

…。

たまみ

苦しめたいわけじゃなかった。ただ分かってほしかっただけですよね。でもそれは裏を返せばりょうさんも一緒なんです。もうね旦那さんにはオーバーなくらいに【大変な人】認識で大丈夫です。

まゆみ

それは…妊婦よりも大変ですか？

たまみ

妊婦は超大変です（笑） 血液も酸素も送って心臓2個ありますから。大変なのは認めます。ただそれを比べたところでどちらもハッピーになることはないです。役割が違うからこそ、大変さも違う。

まゆみ

どうしても私の方が辛いのにって思ってしまいます。辛すぎて…。

たまみ

すごく分かるよ。それは仕方ないです。だから余裕がある時でいいし、今すぐじゃなくていいので聞いてください。大袈裟かもしれないけど、「りょうさんも毎日戦場から帰ってきてるんだ」って思ってあげてください。

まゆみ

戦場!? 大袈裟すぎ（笑）

たまみ

いや実際そうだよ。いざまゆみさんが自分1人で家族全員を養うってなったら、かなり戦闘モードになって「働かないと！」って思わない？

まゆみ　まぁプレッシャー感じそうですね…。たしかに。

たまみ　たとえると、旦那さんが陸軍として戦場に派遣されました。もしガチの戦場からその日無事帰ってこれたらよ？　その辺で砲撃とか拳銃の音が鳴っているような戦場から無事に帰ってこれたらよ？　帰ってきて早々に、「私の方が大変だった！」と声かけますか？

まゆみ　かけないです…。ただ帰ってきてくれて嬉しくて泣いてしまうと思います。

たまみ　ただただ心から「帰ってきてくれてありがとう。おかえりなさい！」ってなるはずなんですよね。戦場から帰ってきても敵がいるのか、帰ってきたら味方がいるのか。帰ってきてからもピストル向けられるのか。

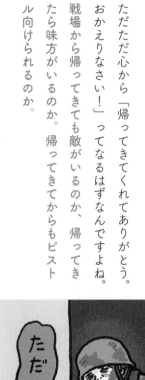

まゆみ

…私、ピストル向けちゃってます…。

たまみ

分かります。私もピストル向けてたので…。いっぱいいっぱいで当たってしまって甘えてたんです。私は悪くない。相手が悪い。だからお前が変われ！　では1ミリも良くならなかった。ずっとピストルを向けることになるんだよね。夫の盾は頑丈になるばかり本音も言えなくなる。

まゆみ

じゃあ、私はどうしたらいいですか？

たまみ

今はホルモン様と共にお腹の中で赤ちゃん育てること、それが一番のまゆみちゃんの仕事。それだけでまじ立派。でももし今後ね。余裕がある時にさっきの【戦場から帰ってきてくれた夫の話】を意識してみて。【相手は思っているよりも大変な環境で頑張っているかもしれない】という思いやりは本当に大事。妊娠も体内戦場だし、仕事も戦場だよ。2人とも本当に頑張ってる。

まゆみ

分かりました。その感覚は本当に大事ですね…。でもこれまで、私がつわりのひどい時はイライラされながら家事されたり、気にしすぎとか言われたり…どうしてもそれが頭から離れない。

りょう

あれは申し訳なかった。俺も余裕がなかった。

つわりは病気じゃないからこそ恐ろしい

たまみ

余裕を持つって簡単そうで子育てしてたらそれが一番難しいですよね。ちなみにつわりで亡くなる方もいます。

りょう

え？　そうなんですか!?

たまみ

重症化すると最悪亡くなるケースも。入院する人もたくさんいます。病気じゃないからこそ恐ろしいと私は思っています。つわりに効く特効薬とかないからね。絶対あなどってはいけないよ。

りょう

そうなんですね…。

たまみ

のど飴や湿布も、妊婦さんはＮＧだったりします。とにかく制限だらけなんですよ。飲み物、食べ物、着る物、できること、行けるところ、摂取するものすべて制限だらけ。制限だらけの生活だからどうしても被害者思考になってしまうのも仕方ないんです。さっきの【感謝を伝える】【相手に関心を持つ】ことで、本当の辛さを分かることはできないけれど、辛さを共にしたいという思いはある！　を示すことがパートナーのできること。

まゆみ

そうなんです！　簡単に分かったかのように言われるのも嫌。でも俺には分からないから！　って突き放されたくもない…。孤独に感じるからこそ関心は持ってほしい。でも私も「私と同じように苦しめ」って思ってしまってました…。求めすぎてたごめん…。

たまみ

そうなんだよね。いっぱいいっぱいになると自分のことしか見えなくなる。だから意識して「2人は敵じゃない」ということを忘れないでください。ピストルを向けあって敵になるために一緒になったわけじゃないから。

りょう

敵ではない。肝に銘じます。

たまみ

それでは今後の話をしていきましょうか！

育休はバケーションじゃない【育闘】だ

たまみ

聞くところによると、りょうさんは育休を取得するみたいですね！　取得するのも大変でした？

りょう

大変でした。「**前例がない**」と上司に言われて。妻に言っても納得してもらえず…。どうにか上司に頭を下げて1か月間育休をとることができました。

たまみ

それは頑張りましたね！　すごいです。でも制度としては存在するのに事実上使わせてくれないなんて…。しょうもないですね！

りょう

しょうもないい…。まぁ仕方ないです。人も足りてないし…。育休のこと「**バケーション**」とも言われましたしね。

たまみ

育休がバケーション!?　あぁ…【休】がついているからか…。イメージとしては育休ではなく個人的には【育闘】の方がしっくりしますね。

まゆみ

育闘！　いや本当そうですよ。あんなのバケーションじゃない!!　実際は合宿みたいな感じです。【絶対お前ら寝るな合宿】　あれをバケーションとか言われたら腹立つ!!　まじで戦いだから!!

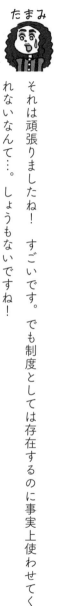

りょう

そんなに…？

たまみ

はい。間違いなくバケーションやバカンスとはかけ離れていると思います。育休取得する前にゆっくり認識合わせをしていきましょう。

会社と妻の板挟みでぺしゃんこ死

たまみ

だけど会社と家庭の板挟みは辛いですね。会社もお客様を大事にするなら、まずは社員が満たすこと。社員のパフォーマンスが落ちて、どうやってお客様を満足させられる？　社員が満たされるためには、その家族に安心してもらうことって本当に大事だと思うんですよね。パパも会社と家族の板挟みになったら結局パフォーマンス落ちてしまうから。最後は家庭を崩壊させ、会社との板挟みで動けなくなってぺしゃんこ死する…。みんな不幸になる。

りょう

所詮サラリーマンですから。

たまみ

そうやって思考停止したらダメ。【前例がない】に逃げてるだけ。代わりがいないというならチームマネジメントができてない証拠。それは会社側の問題。会社には代わりはたくさんいますが、父親はりょうさんしかいないですから。制度であるなら堂々と使ってください。制度なんですから。サラリーマンの権利ですよ。

りょう

たしかに。

たまみ

堂々としていればいいんです。何も悪いことしてない。権利ですから。

りょう

まぁ、これでも少しずつ変わってきた方で。昔は上司が帰れないと帰らせてもらえないとかありました。残業代もなかったです。

たまみ

しょうもないな〜！　男は働くことがすべてみたいな文化。ひと昔前はそれで良かったかもしれないけれど、核家族化が進んでいくと家庭崩壊が起きる。1人でする子育ては死にたくなるんです。この社会の古臭い文化やしきたりや、男は働いてなんぼ！　なのが変わらない限りパパだって会社と家庭の板挟みでぺしゃんこになって死んじゃうよ。てか労基だよ。

りょう

もうおっしゃる通りです。

たまみ

会社はすぐ変わらなくても個人レベルで変わることはできます。例えば会社側に「私はこういう人間ですよ。このスタンスは変えませんよ」というキャラ設定はできます。うちの夫の話ですが、【僕は定時であがりますキャラ】【仕事は時間内でするけど、大前提で家庭が優先ですキャラ】を堂々と確立しています。会社が変わらないなら自分自身でキャラを確立していくことはできる。もちろん色々言われるかもしれないし、勇気はいりますが、定着してきたら逆にラクになる。そうやって個人が変わっていくしかないと思っています。家庭をふみにじってまでする仕事は私はないと思っています。

りょう

そうですね…。

たまみ

何のために働くのか。自分の中で何を優先にするのか。自分と家族の笑顔、家族みんなの健康より大事な仕事なんてないと思います。堂々としていいですよ。りょうさんは何も悪くないです。権利ですから。

りょう

分かりました。ありがとうございます。

たまみ

さぁ、せっかく取れた育休の話をしましょうか。

パパの育休のミッションは赤ちゃんの世話じゃない

たまみ
でも良かったですね！　育休取れて。まゆみちゃんはどう？

まゆみ
そうですね…1人目は里帰りしたけど、今回は里帰りせずに出産するので、正直不安はあります。産後大丈夫かなって。育休とってくれるのはありがたいけど…。何をするのか話し合えてないです。

りょう
上の子の世話とか送迎もするし…。沐浴とかも…。

まゆみ
他は？

りょう
ミルクも作って飲ませるし、おむつも替えるよ。

たまみ

実際に【夫の育休何するか問題】ってありますよね。育休をとってくれたのはいいけど、2人の認識が違うとせっかくの育休なのに、逆に夫婦仲が悪くなることも全然あります。りょうさんはそんなことないと思うけれど、それこそバケーション感覚で、言われたことしかしないでスマホゲームばかりするパパを見て、ママが激怒したという報告はたくさんあります…。

まゆみ

それ逆に邪魔（笑）

たまみ

育休制度を利用するのはいいけど、大事なのは質。パパに育休取得を促すならもっとその教育も広がればいいなと思います。取らせるだけではなくね。パパだってどうしていいか分からないだろうから。

りょう

父母学級で習った沐浴とか、ミルクの飲ませ方とかじゃないんですか？…。

たまみ

どうしても赤ちゃんにフォーカスしてしまうんですけど、そこではないです。

りょう

え？　赤ちゃんの世話をするための育休じゃないんですか。

たまみ

赤ちゃんの世話をするというよりも、【ミッション！　産後の妻をどれだけ横にさせてあげれるか】です！

横になってくれてありがとう

たまみ

横になっていると怠けていてダメだと思いがちなんですが、産後は横になってくれてありがとう!!　とむしろほめられるべきこと。いかに周りがママを横にさせてあげられるかがミッションです。どうしても赤ちゃんにフォーカスしちゃいがちなんですけど、私は違う

と思ってます♡

りょう　赤ちゃんのことだけを考えてました…。

たまみ　もちろん赤ちゃんの世話もするんですけどね。じゃありょうさんに問題！**【ママ、横になってくれてありがとうミッション】**を達成するには、サポートする側はどうしたらクリアできるでしょうか？

りょう　沐浴、おむつ替え、赤ちゃんの着替え、ミルク…家族のご飯作り、買い物、掃除、ゴミ出し…というか全部ですね（笑）

たまみ　はい正解！　ねーねー、これバケーションですか？

りょう　戦場ですね（笑）

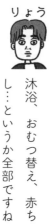

たまみ
りょうさんのってきましたね♡　産後の体って見た目ではあまり分からないんですが、内臓から内臓が剥がれでてきます。子宮大負傷ですね。産道も会陰も傷が残っていて、股関節ぐらぐら。全治数か月の交通事故レベルと言われています。

まゆみ
たしかに内臓（子宮）から内臓（胎盤）をぐりぐり剥がされますね…。こわ!!

たまみ
でもね、これが外見ではなく、体内で起きているからタチが悪いの！　りょうさんはギブスして体ボロボロの人が立ち上がり食器を洗おうと必死に震えながら動こうとしたらどうしますか？

りょう
止めますね…。

たまみ

でしょ？　産後はまじで、同じ状態であることを覚えててください。だからとにかく産後は安静にしておくこと。「横になってくれてありがとう」を意識して周りはサポートする。それが私はパートナーが育休をとる目的でもあり、ゴールだと思います。赤ちゃんだけじゃない。傷だらけの妻をどれだけ横にさせられるかがミッションです!!

まゆみ

安静にしとかないとどうなっちゃいますか？

たまみ

よく言われるのは、「無理しすぎると悪露《おろ》も止まらないし、免疫が低下して感染リスクが上がるし、更年期障害が重くなる」と言われてるよね。ちなみに私は仕事のセーブをしなかったので、無理しすぎて自律神経乱れまくって…。産後すぐはハイなんですけど、徐々に産後半年くらいでどっと疲れがでてしまって、吐き気とか動機に襲われて、メンタルクリニックに通うようになりました。こんな仕事をしていて情けないです…。まじいいことないっすよ。意外に産後数か月後とかにどっとくるんですよね…。

まゆみ

分かります。産後すぐもだけど半年以降にどっと私も疲れがきました。休むのがもはや仕

事ですね…。

はい、横になってくれてありがとうです。ただケアする側のケアも忘れずに。育休をとってサポートする人も休息は絶対必要です。サポートもめちゃくちゃ大変なので。マンガ見る時間やちょっと外の空気を吸う時間などがないと、ケアする人のリフレッシュもゼロになって共倒れしちゃうので。

たしかにそうですね。私も求めすぎちゃうので、事前に話し合って決めます。

産後の準備はもはや防災

そう。パパの育休もママの産後のケアも、事前の準備や心構えが超大事！　もはや防災です。「赤ちゃん可愛いから何にも苦しくない」なんて大嘘だと思ってください。産後はそ

んなにキラキラしてないです。

まゆみ

1人目の時、私もたまみさんと一緒で頑張りすぎて、でも手の抜き方も分からなくてどうしていいか分からなかった。

たまみ

「手を抜くって？　手を抜いたら死ぬじゃん！」みたいに感じてしまいますよね。神経質になってもいいんですよ。仕方ない。必死なんだもん！　赤ちゃんのことを気にかけるのは、まったく悪いことではないです。私も超神経質になってました。汚れてないか気になったし、光の加減、エアコン調整も超細かいし、木のおもちゃで遊ばせることを徹底してたし、部屋のBGMはオーケストラやスピードラーニングかけてました（笑）

まゆみ

スピランはうける（笑）

たまみ

でもね、母体は一つ。母親の休息も大事な母親業なんです。産後になってはじめてシッターさんの手配をしたり、行政サービスを受けるための手続きをするなんて、あんな時期にしんどすぎるの!!　産後のホルモンバランスの変化や寝不足でギリギリ生きてる状態。赤ちゃんが生まれてくる前に逃げ道を確保しておくこと。そして自分の限界が近づいているサインを把握しておくことが大事。まゆみちゃんのサインはなんですか？

まゆみ

私は…。夫にイラつきだすところかもしれません…。ごめんなさい（笑）

たまみ

自覚してるのは、すごいですよ。それはたしかにサインですね。そうやって自分を客観視して「あっ今の私限界近いな」と気づくことがまず大事で、そこから自分の逃げ道や第三者を頼ることをしていかないといけないの。それも立派な子育て。でも、旦那さんも人間だからね。自分のキャパを知ること。そしてそれに素直になることを絶対忘れたらダメ。

まゆみ

キャパがペットボトルの蓋くらいしかないです…。でもそれが私って思っていいんですかね？

たまみ

いいです。自分のキャパに素直になって「じゃあどうしていくか」を考えて行動する。弱くてもいい、完璧であるわけがない。頼る力がここで試される時です。究極逃げていいのよ、何事も。

まゆみ

え？　逃げていいんですか？

たまみ

逃げていけないことなんて一つもない。逃げることは良くないことと思われがちだけど、違うよ。**【戦略的撤退】**だよ。だって「絶対逃げたらダメ」と思うと追い込まれちゃうから。自分に逃げ道作ってあげてもいいんだよ。「いつだって逃げてもいいんだ。休んでもいいんだ」って自分に許可してあげること。「**〇〇したらダメ！　〇〇じゃなきゃダメ！**」という制限が多い子育ては窮屈すぎる。そんな子育てしてると、さらに夫へのイライラが加速するの。そして夫にも制限を強制しはじめるんだよね。

まゆみ

なるほど…。事前に逃げ道やサービスを調べたり、自分の機嫌をとることを自分で発見しておくことが大事なのか…。

たまみ

そう。本当に自分次第で子育て変わるからね。自分への呪いを捨てて、世間の基準で決めない。「私はこうしたい」という自分の基準で、少しでも自分がご機嫌でいられる子育てを最優先する！　そこに罪悪感はいらない。ママ・パパが心から笑っている方が子どもたちは幸せだからね。

出産内祝い制度まじいらん

たまみ

だからね究極、自分がしたくないことをわざわざしなくていい。例えば産後すぐに返すことが常識化されている内祝い制度とかも、私は「いらん」と思ってます。

まゆみ

あーそんなのありましたね〜…。あれ1人目の時しんどかったな…。母親からは「早く送りなさい」とか焦らされて。リストを作って半額くらいのものを送って…。お金なくなるし、夜中にギフト本読んでました。あれはもうしたくない（笑）

たまみ

楽しめる人ならいいですけど、産後は横になるのが仕事なのにあんな大変なことを産後の

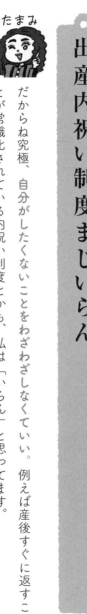

ママがやるなんて、ちゃんちゃらおかしい。よくネットで「内祝いは、産後1～2か月の間に」と書いていたりしますが、本当に寝不足でボロボロの時期なので、したくないならしなくていいと個人的には思ってます。まじでそんなことするなら寝てくれ！　頼む！って思うわ。

りょう

じゃあ俺がやるよ。それも育休のリストに入れとこう。

たまみ

おお!!　いいですね。ただ、本当に2人とも大変でそんな時間が持てないのであれば、無理はしないでください。時期をずらすという手もあります。**大事なのは世間体より2人の心と体。**ちなみに私は内祝い制度やめました♡　お友達にも返してないです。

まゆみ

え？　お友達からなんか言われたりしないんですか？

たまみ

そんなことで怒るお友達はそれまでだと思っています。なので2人目の産後については事

前に内祝いはしないと友人に伝えてました。気持ちだけで嬉しいよって。

まゆみ

事前に伝えておくのいいですね。私も産後すぐに返すのは無理だと伝えておこうかな…。

たまみ

内祝いは常識らしいのですが…。やらなかったら非常識になることに違和感を感じます。産後のママにやらせることを押し付ける方が非常識だと思うな。

常識や世間体よりまずは睡眠な

まゆみ

いや～、常識と思っていて絶対にやらないといけないものだと勝手に思っていました。今後はその時の体調に合わせて時期をずらしたり、夫にお願いしたり、場合によっては私もやめとこうかな。産後は寝たい…。

たまみ

こういった【当たり前】を疑ってみるのは大事だよ。自分がそれによって苦しめられてい

ないか、本当はしたくないのに得体の知れない世間体を気にして人生選択していないか。世間の目は自分を救ってくれない。自分を救えるのは自分だけだからね。わがままに感じるかもしれないけど、色んなことを手放していくと私はラクになりました。

まゆみ

個人的にはあのお宮参りも産後1か月でやるのはしんどかったです。

たまみ

あれもきついですよね…。母乳を心配しながら、着物きたりしてました。まだ骨盤も安定してなかったのに。あと産後でガルガルしてたので、赤ちゃんが義理の両親に抱っこされるのも本当は嬉しくなかったな〜。今となっては笑い話ですが（笑）なので2人目は時期をずらしましたよ♡　本当に母体が一番大事なので、無理しないでください。

まゆみ

はい。私も自分に正直になって手放していけるところは手放していきます。

愛しあう背中を子どもは見ているよ

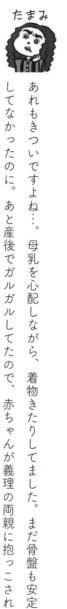

たまみ

色々お話ししましたが、とにかく100％を目指さない。ゆるく長く走っていけるようにしていこう。

まゆみ

自分の中にある完璧主義が一番の敵ですね。

たまみ

まゆみちゃんいいこと言う♡　そうですね。**もはや競技名：母親!!**　アスリートとして長く走っていくためにはしっかり準備運動して走りながらもペースはフルスロットルではなく自分のキャパに合わせて、休憩スポットで休憩して、「ここ痛いです！」とSOSを出してその都度治療して、水分補給しっかりしていきましょう。**私たちアスリートですから。しっかり自分のケアをして頑張りすぎないことも仕事ですよ。**

まゆみ

なんか勇気が湧いてきました。金メダルですね！

たまみ

うん！　パパもママも親リンピック金メダリストだね！　あと最後に。りょうさんにお伝

えしたいことがあります。カナちゃんきっと可愛いですよね？　ずっと仲良しでいたいですよね♡

りょう

そりゃもちろんです！

たまみ

カナちゃんとずっと仲良くいられる秘訣ってなにか分かりますか？

りょう

うーん、赤ちゃんが生まれても僕はしっかりカナを可愛がります。ちゃんと向き合って遊んであげたりとか…ですかね。

たまみ

それももちろん大切ですが…。**一番は妻を大事にしている姿を見せていくことです。**

りょう

!!　そっちですね。

たまみ

子どもってパパも大好きだけど、やっぱりママのことも大好きで。そんなママを大事にしている姿。労わっている姿。気にかけている姿を見てます。大事なママを邪険に扱っているパパに好感を持てる子どもなんていません。

りょう

たしかに。僕も幼い頃、父のことで母が泣いているのを見て、父に敵意を感じてしまったことがあります。

たまみ

これは夫婦どちらにも言えますが、子どもができると、どうしても子どもにフォーカスしてしまいがちなんですけど、本当に大事なのはそこじゃない。そこじゃないというか、一番近くにいる人をすっとばして子育てしても家族の幸福度は高くならない。本当に大事なのは夫婦仲なんだよね。

りょう

娘に嫌われたくないので、頑張ります。

たまみ　だから私たちママもパパの悪口を子どもに言ったりすれば、一番傷つくのは子どもです。しっかり別で吐き出し口をみつけたりすることは大事ですよね。ちょっと頭の片隅に入れてくれたら嬉しいです。今日はありがとうございました。また産後無理〜ってなったらいつでも遊びにきてくださいね♡　報告待ってるね！

まゆみ
りょう　ありがとうございました！

〜帰り道〜

まゆみ　今日来てくれてありがとう。あと会社で頑張って育休とってくれたんだね。当たり前だと思ってたけど…。傷ついたよね。

りょう　大丈夫。

まゆみ　…そんなところまで考えてあげられなかったごめんね。

りょう

まゆみの体の中があんなことになってるんだからさ、そりゃ仕方ないと思えたよ。たまみさんは変わった人だったけど…。これが本当の父母学級の意味が分かった。連れてきてくれてありがとう。

まゆみ

うん。私もりょうくんと無理せず楽しみながら2人で子育て頑張りたい。

りょう

あのさ…ちょっとお腹触ってみてもいい？

ちょっと照れくさそうにお腹をなでるりょうを見て、まゆみの頬に涙がこぼれた。

嫌いにならない
思考術これな

横になってくれてありがとう 自分を労わることも 立派な母親業

- ☑ あなたは悪くない。まじで全部ホルモンが悪い
- ☑ あなたの想像以上にパパも大変な環境で頑張ってるかもしれないよ
- ☑ パパの育休のミッションは赤ちゃんの世話じゃない。ママをどれだけ横にさせてあげられるか♡
- ☑ 自分の逃げ道をしっかり確保しよう。子育ても備えあれば憂いなし
- ☑ 自分の心に素直になっていいよ。世間体より自分の心

第 6 話

子育ては自分を嫌いにならないが10割

育児ノイローゼ妻編

登場人物

あすか

たつや

ハナ

カイ

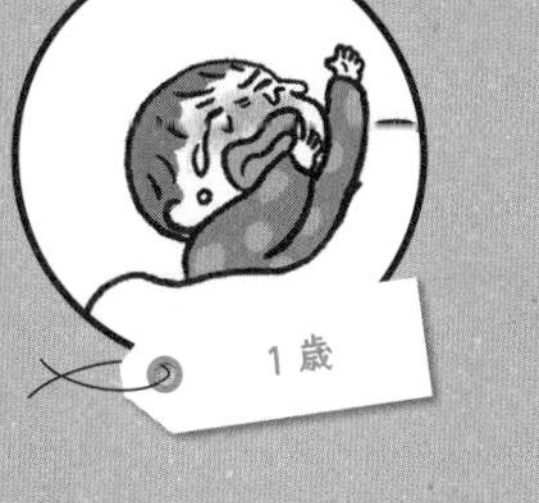

ボ〜ッ
ボ〜〜ッ
あすか!!!
ハッ
あっはい!
お〜い何回
呼ばせるんだよ
お前大丈夫か?
うん…大丈夫
これ終わったら
寝かしつけるわ
その後起きて
仕事しないと…

俺が片付けて
洗濯畳んどくから
寝かしつけよろしく
ごめん
ありがとう
パチ!
ガバッ
やば!!!
寝落ちして
しまった!!
仕事!!
ガラッ
パチッ
……

まじで
こんなんだったら
私がやったちが
早いわクソが…
ビクッ
カチャ カチャ…
ふえッ…
ふあっ……
え〜ん
え〜〜ん
ハァ…
LAPTOP
うぉ〜
えええ
うぇ
え〜ん
カチャ
カチャ
カチャ
カチャ
LAPTOP
あぁあ
ゔぇ
えええ〜
ハア…
パタン

うぇうあ〜ん
ええ〜
り……
うえ〜
ええ〜
うあ〜
グ〜グ〜
グオ〜
まじこいつ耳どうなってんの？クソが…
ようちえんいきたくない!!
ごはんたべない

さっさと食べて
ママこわい
ママきらい
プイッ
ブチッ
じゃあもう食べなくてよろしい!!
片付けるからね!!!
私もきらい!!
早く幼稚園行け!!
捨てるぞ!!!
うあ〜ん
うああ〜ん
え〜
ママ…ママ
ごめんなさい
すてないで
うっうっ
だったら早く食え!!!
毎日同じこと言わせんな

ガラッ
おはよ〜

ふぁ〜

!

おいおい どうした〜？

あ 洗濯物片付けたの わかった!?

う…うん ありがとう…

でもさ タオルはきちんと角をあわせてほしいな あと靴下も裏側になったまま畳まないでほしい…

サッ
あっそうなってた？

オッケ〜 了解〜♪

〜♪

じゃあ いってきまーす
今日在宅だっけ？ なんかお前顔色悪いぞ 大丈夫か？
大丈夫… いってらっしゃい
ようやく行った
パタン
もう帰ってくんな マジで無理
長女が可愛いと思えない でも そんなこと誰にも言えない 大好きだったのに 今は無理
もうこんなにきついなら 離婚したほうがいい かもな…
いや ちがう
私がいなくなったほうが いいのかもな

まんまー
お母さん
いってらっしゃ～い
ママバイバイー
おねがいします～…
カーン
カーン
カーン
ここに飛び込んだら
楽になれるのかな
カーン
カーン
カーン
カーン

お金もないし
そんな勇気もないし
あ〜眠い…
家着いたらちょっと寝よう…
あやばいかも…
無理だ
ここで休憩させてもらおう…
グラッ
夫婦の駆け込み寺
入口

あすか

すみません…。ちょっと…。トイレ借りてもいいですか?…。

たまみ

はいどうぞ…。え?…。てか大丈夫じゃないよね? 横になって!

あすか

寝不足が続いてて…。すみません本当に…。

1時間後〜

あすか

うわ! すみません! 寝てしまってました! 帰ります!

たまみ

少し寝れて良かった。ちょっとお茶でもどうですか? 急ぎます?

あすか

いや悪いです…。子どものお迎えの前に家のことしないといけないし…。帰ります。

たまみ

それ今しないと死ぬの？

あすか

え？　…。いや死なないですけど…。

たまみ

じゃあ少しお茶しましょう。これもなにかの縁なので♡

大丈夫じゃないって言っていいんだよ

あすか

あの…。ここは？

たまみ
私はバブリーたまみと言います。ここは私がやっている夫婦の駆け込み寺みたいなところです。

あすか
へー…（うわー…やばいところ来ちゃったな…）。

たまみ
お名前は？

あすか
はい！　井上あすかといいます。

たまみ
あすかさんですね。お子さんは何歳なんですか？

あすか

上が4歳で、下が1歳になったところです。

たまみ

私も3歳と7歳の子どもがいます。寝れてないって言ってたけど、夜泣きとかかな？　あすかさん申し訳ないけど本当にしんどそうにみえるよ？　大丈夫？

あすか

はい大丈夫…です。

たまみ

大丈夫？　って聞くとすぐ「**大丈夫です**」って答えてしまうでしょ。大丈夫じゃないよね？

あすか

…大丈夫じゃないってなかなか言えないですよね。

たまみ
大丈夫じゃないって言っていいんだよ。大丈夫。言ってみて。

あすか
え？…はい。大丈夫……じゃないです…。ダメだ。泣けちゃいます…。ごめんなさい。

たまみ
自分の心に蓋をしなくて大丈夫。あのね、子育てしてたら基本的に大丈夫じゃないよ。私もそう。大丈夫じゃないよって言葉に出していいから。

あすか
私全然大丈夫じゃないですね…。ごめんなさい。

たまみ
はい。見るからに全然大丈夫じゃなさそうです（笑）大丈夫じゃない戦友同士今日は語りましょう！

あすか
戦友…？

たまみ

戦友です。子育ては愛おしいし、面白いし、幸せなこともたくさん。だけどそれだけじゃないこともたくさんある。**子どもが生まれるまでは知らなかった辛さや苦しさ、そして孤独さ。自分のことが心底嫌いになったりね。理想と現実の中で自分自身と戦ってるんです。**だからあすかさんも私も同じ時代に子育てをしている戦友（仲間）だと思ってます。

あすか

…産んでみないと分かりませんでした。こんなはずじゃなかったんですけどね。

たまみ

寝不足って言ってたけど、夜泣き？　仕事とかしてるの？

あすか

今は時短で仕事に復帰したんですが、時短勤務じゃ仕事全然終わらなくて。家に仕事を持ち帰って夜中にやったり、あと子どもが本当によく泣く子で。上の子もだったんですが…。なんかちゃんと寝れたのっていつだろうって感じで。でもこれくらい大変になるの分かってたし、**ワーママだったらこれくらいのことよくありますよね**。しっかりしないとって分かっていても最近体が思うようにいかなくて。

たまみ

呪われてますね。

あすか

？……なにがですか？　仕事に？

たまみ

いや。自分自身に呪いをたくさんかけまくってるんですね。

あすか

そうなのかな…。私は普通のどこにでもいるお母さんですよ。

たまみ

分かりました。今日はせっかく駆け込んでくれたので、お伝えしたいことをお話ししますね。自分がいいな！　と思うところだけでいいので、少しでも今後のあすかちゃんの子育てがラクになるキッカケになれたら嬉しいです。

あすか

なんかすみません。ありがとうございます…。あの～有料ですか？…。

たまみ

安心してください。無料ですから♡

ママの人生はママが主役

たまみ

あすかちゃんに質問！　あすかちゃんの人生の中で一番大事な人は誰ですか？

あすか

…子どもたちです。

たまみ

いいですね。他には？

あすか

あとは…母や弟も大事ですね。まぁ色々あるけれど夫も…大事です。

たまみ

素敵ですね。他は？

あすか

え？　うーん。地元の友達とか会社の同期も私にとっては大事な人ですね。それくらいですかね……。

たまみ

うんうん。とてつもなく大事な人を忘れてる…。

あすか

え？　誰ですか？　私の知り合い知ってるんですか!?

たまみ

【自分】はどこいったの？

あすか

あっ！　そういうことですか…。自分ですね。全然想像つかなかった…。

たまみ

めっちゃ大事な人を忘れてるね！　ママになったとしても、ママの人生はママが主役。あすかちゃんの人生はあすかちゃんが主役なんだよ。

あすか

うーん。子どもが主役であるべきじゃないですか？

たまみ

そうですね〜。ちょっと私の話をしますね。私以前、夫や世間体を気にした子育てをしていました。例えば夫のYシャツのアイロンがけをしていたのは夫の出世のため。夫の出世は妻の支えがあってこそ！　って思って本当は好きでもないアイロンがけや弁当作りを、夫の会社の人や世間的にみていい妻でいるために頑張ってやっていた時期があったんです。

あすか

いいことじゃないですか？　出世してもらったらありがたいし。

たまみ

それが本当に楽しくて生きがいでやっているならいいんですが、私の場合は違いました。結婚してから自分の行動の主語が、自分じゃなくなったんです。子どものため、夫のために私は頑張るって。周りにどう思われるかを気にして。でもね、結局はずっと自分を無視し続けているから、不満は知らず知らずにチリツモ。

あすか

チリツモ…。

たまみ

そして少しずつ「私はここまでやってるのに…」と勝手に夫に期待して勝手に裏切られるわけよ。ずっと自分の中で**【こんなに頑張ってる私】**がいるから。だから盛大にセルフ大爆発が訪れる（笑）

あすか

こんなに私頑張ってるのに…はあります。

たまみ

ママが我慢しすぎると、結局家族みんなが苦しくなる。それが夫に牙を向けてしまう戦友もいれば、子どもに牙を向けてしまう戦友もいる。子育てしてたら忘れがちだけど、【自分はこうしたい】【自分はこうありたい】というのをママだからって後回しにしすぎなくていい。いやむしろママだからこそ【自分がどうありたいのか】を大事にしてほしい。その我慢はいつか必ず誰かを傷つけることになるから。

ギィー!!
私っこんなにっがんばってるのにっ!!
グッ
グッ

あすか

…。

たまみ

ヒロインを蔑ろにしたストーリーなんてありえない。だからあすかちゃんもママになっても【大事な人】の中にしっかり【自分】も入れてあげてください。頑張ってる自分を入れてあげてね。

あすか

はい…。

メンテナンスしてる？　ママは加湿器なのよ

たまみ

私はその後、アイロンがけもお弁当作りもやめました。本当にやりたいと思ったことじゃなかったから。アイロンをかけなくてもいい形態安定加工のYシャツに買い替えました。そして、お弁当ではなく、会社の食堂や近くのお弁当屋さんで買ってもらいました。当たり前だと思っていたことを手放しても別に何も悪い方向にいかなかった。むしろ私はラクになったので、家族の雰囲気も良くなったんですよね。な～んだ、最初からしなきゃ良かった！　って笑えたよね（笑）

あすか

他の家事は？　例えば洗濯物とかってどうしてますか？

たまみ

家事は家電とシェア！　洗濯を干すのもやめて乾燥機にぶっこんでます。そして、我が家は畳まないスタイルにして、それぞれの人のカゴにボーンと入れるようにしました。あとはそこのカゴから各自勝手にとれスタイル。一気にラクになりましたね！

あすか

それいいですね。そんなことしていいんだ。

たまみ

畳まないと死ぬの？

あすか

いや死なないけど…。また極端ですね本当に（笑）

たまみ

私は、ママって家族の**加湿器**みたいな存在だと思っているんです。

あすか

加湿器？　ママは太陽とはよく聞きますけど…。

たまみ

はい。まぁ太陽でもいいんですけど。でもあんなにずっと輝いてるなんて無理じゃん。加湿器って水が補給されてはじめてその部屋を加湿して潤わせることができるじゃないですか？　ママも一緒。**ママが補給して満たされて潤っている状態ではじめて家族を潤わせることができるんですよ。【シャンパンタワーの法則】**ともいわれるんですが、シャンパンタワーの一番上のグラスはママである自分。そこに水が溜まってマンタンになってはじめて下の段の家族のグラスに水をマンタンにすることができる。加湿器の表現と同じで、まずは自分が満たされた状態ではじめて周りをハッピーにできるんです。

あすか

今の私は…。加湿器でいうとどんな状態でしょ

うか？

たまみ

はい。今のあすか加湿器は一滴も水がないカラカラな状態で、電源がどこにあるかも自分で分かってないのに稼働しようとしてます。さらにエラーサインも無視しまくって、メンテナンスに出しても「こりゃダメだわ」って言われるくらいにボロボロな状態ですね。壊れかけのラジオじゃなく壊れかけの加湿器ですね。いやもう壊れてっかもな！　ってレベルです。

あすか

めちゃくちゃ言いますね（笑）

たまみ

ぶっ壊れるんですよ。そんなことしてたら。メンテナンスなし、ずっとフル稼働、省エネ

モードなし、電源オフもなし、水補給なし。ぶっ壊れる寸前だからここにたどり着いたんです。

あすか

でもそうでもしないと家が回らない。仕事も終わらない。どうしたらいいんですか!? 私がやるしかないじゃないですか!

たまみ

エラーサインを出しましたか? この状況になるまで、1人で抱えてなかった? 「**私さえ我慢すればいい**」って思ってなかった?本当に仕事は断れないのか。片付けはそこまでしないといけないのか。家事はそこまでしないと死ぬのか。本当に自分だけしかいないのか。今思っている当たり前が本当にそうなのか。**あなたの心と体がぶっ壊れてまですることなんて一つもないんです。2人のお子さんにとって母親はあすかちゃんしかいないんだよ。**

あすか

私はどうしてもこうじゃないといけない、私がやればなんとかなると思ってしまうんです。それが自分の首を自分でしめてるってことですよね。結局私が悪いんです。

あすかちゃんを責めてるわけじゃない。悪者を作らなくていいよ。これは誰が悪いんだ！と悪者を作るために話しているわけじゃない。少しでもあすかちゃんがラクに子育てできるための話をしてるの。そこは分かってほしい。

すみません。分かりました。

謝らなくていいよ！　結局はさ…一番自分が一番自分の辛いことに早く気づけるし、エラーサインも自分にしかまずはだせない。周りが気づいた頃には遅かったという風にならないように、まずは自分を大事に扱うことを一番にしていこう。もうあすかちゃんボロボロだよ。2~3日で子育て終わるならフル稼働でもいいけど、数日では終わらないから。本体故障したまま子育てしてたら誰も幸せにならない。しっかり自分をメンテナンスしていこう。時には電源オフにして省エネモードにしながら。しっかりエラーしそうな時はエラーサインを出して水分補給していくこと。家族を潤わせることができるあなたという加湿器を一番大事にケアしていこう。

でも自分を大事にするってよく聞きますが…。あんまりしっくりこないんです。どうやったらできるんですかね？

自分を嫌いにならない子育て思考術

①自分を否定していいことない！　どんな感情も宝物

自分を大事にする子育て。言い方を換えると【自分を嫌いにならない子育て】。どうしても子育てしていると、自分を否定してしまうことが増えると思うんです。「なんでこんなにイライラするんだろう」「なんでもっと優しくできないんだ」「私が頑張らないと」「夫のこともすべて無理だ」「こんな自分が嫌だ」と否定してしまうことってあるよね。それを自分自身の考えや意識の持っていき方を変えるだけでめっちゃラクになるので、具体的な考え方を伝えていきます。自分いじめの子育てはブスになるからね。ちょっとでも心をラクに子育てしたいじゃん。

あすか

ブスって…（笑）

たまみ

私も昔は【自分をいじめる子育て】をして人の幸せも願えないようなブスでした。夫にももちろんブスでしたよ。苦しかった…。正直に言いますが、今日この話を聞いて明日100%できるようになるという話ではないです。時間をかけて「子育てしてる私のこと嫌いじゃないな」、「自分を大事にできてるな」って、少しずつ実感がわいてくるものです。

あすか

はい。分かりました。

たまみ

一つ目は自分の否定癖をやめること。否定をしていい方向に進むことってほとんどない。

私はダメだな…、私は最低な母親だ…、私なんかが母親になるんじゃなかったって、思うことない？

あすか

ありますけど…。毎日思ってます。

たまみ

あるよね！　私も今でもあるもん！

あすか

あるんかーい（笑）

たまみ

あるある！　でも圧倒的に減ったし、その後の自分との向き合い方でラクになったの。まず大前提でネガティブな感情ってなんかダメなイメージあるでしょ？　ネガティブはダメだ！　ネガティブ思考は良くない！　とかさ。でもね、ネガティブな感情も否定しなくていいのよ。

あすか

ネガティブは良くないと思っていたので、自分はダメな奴だと思ってました…。

たまみ

それは間違い。人間ネガティブな感情がないとすぐ死んじゃうよね。怖い感情がなければ「車かっこいい!! うえーい!」って飛び出すかもしれないし、高いところから飛び降りたりするかもしれない。辛いという感情があるからこそ、より良くしていきたいと努力をするのかもしれない。イライラするという感情があるからこそ、今キャパオーバーなんだなってエラーサインを出してくれてるから、自分を大事にしようと思えるのかもしれない。ネガティブな感情は人間にとっては大事な感情なのよ。でもね、**一番やったらあかんのが、そのネガティブな感情を無視し続けること。**

あすか

なるほど。ネガティブになったり怒ったりしている自分はダメだとまた自分を否定していました。

たまみ

どんな感情も宝物なの。何一つ無駄な感情なんてない。大事なのはその後なの。

②あなたの中にいるのはペロペロ司令官？　バリバリ司令官？

じゃあもう少し自分を嫌いにならない子育てをするために【自分を大事に扱う】をさらに言語化していくね。自分を大事に扱うってようは、

どんな感情も宝物。まずはどんな自分も受け止めて、自分の心に素直になる。そして少しでも今の自分がいい方向に進めるように「どうしていくか」を考え行動していくこと。

だと思っています。だからさっきみたいに自分を否定しはじめる、夫の粗が見えて仕方ない。子どもが可愛く思えない。そんな自分が嫌だ。最低な妻で最低な母親だ！　と自分を嫌いになって終わるのではなく、そんな自分をまずは受け止めることが大事なの。そして【じゃあどうしていくのか】を考えてあげるんです。だいたいがそこまでの感情がでている時は、その人自身の問題というよりも環境のせいなんですよ。あすかちゃんはどんな時にイライラします？

あすか

一番は寝不足の時…。あとは、長期休みの時…。仕事が忙しい時…。疲れてる時…。夫が思い通りに動いてくれない時…。子どもたちが泣いててうるさい時…。私が元気な時はそこまで気にならないけど帰ってきてから夜にかけては最悪です…。

たまみ

自分がしっかり休息も取れて、心も体もフレッシュな状態で1週間のうち2時間しか子どもと夫に会えないとなったら、イライラすると思う？

あすか

多分しないですね。

たまみ

そうだよね。そのイライラする感情は、あなた自身の性格や人格ではなく、今抱えている環境に問題があるから。その感情に自分で気づいて「あっ今私やばいな…。環境少しでも整えよう。じゃあどうしようかな」という方向に思考を持っていくんです。これは癖にしたら勝ち！　そこで現われるのが【ペロペロ司令官】です。

あすか

ペロペロ司令官？（笑）　なにそいつ…え？　ここにきて下ネタですか？

たまみ

いや違うわ！（笑）　ワンちゃんがペロペロって慰めてくれるイメージね！　自分の中に優しいペロペロ司令官のあすかちゃんがいるの。あすかちゃんがイライラしたり自己否定がはじまったら、自分の中にいるペロペロ司令官あすかがこう言ってくれるの…。

あすか

自己嫌悪はじまったよ〜。疲れてるよ〜。

あすか

子どもちゃんに当たりだしたよ〜。限界きてるよ〜。休もう〜。

あすか

あーまた反省しだした。自分責めだした〜。もう家事はいいから即寝ろ！

たまみ

という感じで自分を否定せず、客観的に「じゃあどうするか」を教えてくれる自分を作るんです。

あすか

なんかすごく難しそう…。

たまみ

最初は難しいから、意識が大事。すべては意識で変わるよ。もしも、この司令官が超厳格バリバリ司令官だったら…。

あすか

お前が全部悪い！　ちゃんとしろよ。

あすか

怒ってばっかで、最低な母親だな！　他のママはもっと優しいぞ！

あすか

なんで子ども産んだの？　母親失格だな。もっと頑張れよ。完璧にやれよ！

たまみ

どうですか？　自分の中にどっちの司令官がいますか？

あすか

厳格バリバリ司令官がいます…。そんな言葉ばっかり自分にかけてしまってます。

たまみ

心の中で泣いてるあすかちゃんがいるよ。ずっといじめられてるあすかちゃんが。あすかちゃんが悪いわけではなく、環境があなたをそうさせてる。もう十分頑張っている自分のために「どうしてあげることができるか」を意識してください。大丈夫、大丈夫って自分を許してあ

げてください。

あすか

自己否定やイライラの感情がでてきたら、「あー私は悪くない。環境が悪い。じゃあどうしてあげようかな！」って口にまず出してみます。

たまみ

いいですね！　子育ては自分をどれだけ許せるかだよ。さぁ自分を嫌いにならない子育て続きます。もう少し詳しく感情と自分を切り離す話をしますね！

③イライラしたら自分に「大変だったね」

たまみ

以前ボイシーのトップパーソナリティの精神科医kagshun先生と対談をした時に教えてもらった【感情と自分を切り離す】というのも、すごく意識するとラクになるのでお伝えしますね。旦那さんにイライラしたり子どもにイライラした時にぜひ思い出してください。

あすか

はい…そうなると、もう毎日ですね（笑）

たまみ

いや私もだよ。だから毎日思い出してください（笑）以前とにかく旦那にイライラする時期があってkagshun先生に相談してみたんです。そしたらこう言われました。

Kagshun先生

イライラしている時って100%の確率でどんな理由であれ、自分の心が傷ついているんだよ。まずはそれを認めて「大変だったね」て自分に言ってあげるところからはじめてみて。それをしないで、「なんて自分はダメな奴なんだ！」ってなると悪循環に入ってしまう。「あ、自分今イライラっていう感情を持っているんだな」って認めてあげてその上で「大変だったね」って言ってあげて。

たまみ

それは泣きそう…。まずは自分に「大変だったね」って言ってあげる…。

Kagshun先生

そう。そしてね。感情を扱ってあげる時に超大事な考えがあります。【脱フュージョン】という考え方があって。二つの異なるものがくっつくことをフュージョンっていうんだけど、怒りやイライラ、悲しみ、不安とかネガティブな感情と自分自身がくっついて【同じもので二つで一つだ】って思ってしまう癖があるのね。感情と自分が同じものだと思ってしまうから、すぐに自分ってダメなんだって思いがちなんだよね。

たまみ

感情と自分は違う!?

Kagshun先生

そう。感情って単なるイメージで実態のあるものではない。感情と自分自身を切り分けることが大事なんだよね。だから否定ではなく、「今自分は傷ついてるんだな」「自分は今怒っているんだな」って自分を客観的に見ることが大事。感情と自分を切り離す。「私は今怒っている感情わいてるわ～」ってね。

たまみ

感情と自分を切り離し脱フュージョンを意識する。私はイライラしているという感情を持っている。ただそれだけ。みたいな感じですかね？

Kagshun先生

そうそう。少し客観的に自分をみる。旦那さんがこういう風にしてくれなかったことに対して、自分は期待したのにそれが叶わなかったから傷ついたんだよね。その傷ついてしまったんだなってことは、まず認めてあげることが出発点。そうすると自分否定タイムがかなり早く止まるよ。

たまみ

イライラはまずしてもいい。脱フュージョンで感情と自分を切り離す。意識が大事。脱フュージョン！　脱フュージョン！　って唱えまくるしかない！

Kagshun先生

最初からできなくて大丈夫。そしてね、イライラしない動物なんていないから。動物だからね。結局相手も悪くないし、自分も悪くない。ただ別の人間だったってこと。怒りは相手に期待している役割のズレだから。そこをイライラしないように隠して隠してってすると鬱や依存症になっちゃうんだよね…。

たまみ イライラしてもいい。でもそんな自分を否定したり、イライラしないようにすることよりも、そんな自分も受け入れることが大事。そんな自分に「大変だったね」ってまずは言ってあげよう。

あすか まさにイライラしたらダメだって思ってました…。

たまみ まさに【どんな感情も宝物】ってことだね！ 感情と自分は別物。もし良かったら意識してみてね。イライラしたら自分に「大変だったね」って。

あすか 意識して自分自身に言ってみます。自分を否定する癖本当にやめたいから…。でも…。

たまみ

でも？

あすか

私は休みの日に1人時間をもらったりしてるんですよね。夫も別に否定はしてこない。それなのに…ってどうしても思ってしまいます。

④リフレッシュをはき違えるな

たまみ

子育てする上でのリフレッシュをはき違えてるね。リフレッシュをしたからって、その後永遠にイライラしないリフレッシュなんてまじでないよ。あるなら借金してでも買いたい！

あすか

1人時間もらっても帰ってきたあと、1時間後にはもうイライラしてます。

たまみ

私なんて30分もかからないよ（笑）　リフレッシュをしたらもう大丈夫！　イライラしな

いというイメージをまず自分の中でぶち壊した方がいい。

あすか　えーじゃあ、何のためのリフレッシュなんですか？

たまみ　ギリ応急処置って感じかな。

あすか　応急処置？

たまみ　私たちは基本的に傷だらけだと思っててください。体のいたる所に傷があるイメージね。そしてそのリフレッシュという名の【絆創膏】をその都度その都度貼って応急処置してるだけ！でもその絆創膏を貼らずに放置して痛みを我慢

ばかりしてしまうと…出血多量で手遅れになるのよ。今のあすかちゃんみたいに。

あすか

え？　私!?

たまみ

そう。今のあすかちゃんは傷口を自分の呪いで無視し続けている状態。いつかまじで出血多量で血が止まらなくなるよ。大変なことになる前に、傷口にしっかり絆創膏を貼ることが本当に大事なの。まずは傷口を「大変だったね」って認めて、そして自分のために心の絆創膏を貼るために行動をしてあげよう。

あすか

リフレッシュしたからイライラしたらダメだとまた自分責めてたけど…。そうじゃなかったんだ。

たまみ

お母さんだからそれくらい頑張って当たり前…。私が我慢すればいい…。他のママもこれくらい…って自分で自分の傷口に塩ぬるのもうやめな！　どこからどう見てもボロボロよ。休むこともリフレッシュをすることも自分のメンテナンスもしっかりとした立派な子育て

だからね。堂々と絆創膏貼りまくれ！

あすか

ママは加湿器ですからね。

たまみ

そうそう！　いいね～！　私こう見えて歌も歌ってるんだけどコンサートの最後に必ずお客さんに伝えていることがあって。「コンサート終わって帰ってから多分夕方にはもうイライラしてるよ！」って伝えてるの（笑）

あすか

え？　コンサート行って楽しんだのに？

たまみ

そう思ってしまうよね？　それアウトね！　コンサート行ったからって絶対イライラしないわけないいのよ。その時に、

①コンサート行ってリフレッシュしたのにもうイライラしてる私はダメだ…。

と思うのか、

②もうイライラしちゃってる…でもそりゃそうだよね。楽しかったけど移動も大変だったし、泣いて笑って疲れたし。大変だったね私。よし今日はもう超手抜きフローズンチャーハンだ!!

と思うのか。この二つで全然違うよ。

あすか

そうか。コンサート行くのも疲れますよね。②の方がいいですよね。イライラするのは環境のせい！

たまみ

よっぽど②の方がママはご機嫌でいられるよね。自分がどうご機嫌でいられるかを常にアンテナを張っててほしい。結局はママがご機嫌でいることが一番の家族貢献だと思う。無理していいママでいるより、ご機嫌なママでいることの方がみんながハッピーになれるよね。

あすか

なんか私はずっと自分を後回しにしていたんだな…、と気づかされました。なんかもったいないことしてきた気がする（笑）

たまみ

ね？　でもさ、一番若い今日という日にそれを知ったのはラッキーだよ。未来を明るくするためには今が一番大事だからね。今の自分を蔑ろにして未来が明るくなるわけがない。今の自分を一番大事に扱ってあげてほしい。無視しないで、絶対に。

あすか

そしたら…今まで誰にも言えなかったことを相談してもいいでしょうか…。

たまみ

いいね～言っちゃお！

子どもが可愛いと思えない【脳内虐待】

あすか

2人目を産んでから子どもが可愛いと思えなくなりました…。最低な母親ですよね。

たまみ

また自分否定はいったね。全然おかしなことではないと思うよ。私もよくある。自分がいっぱいいっぱいの時とか特にね。今朝も子どもの泣き声が無理すぎたよ。うるせーって。

あすか

大きな声で言えないけど、本当に怒りが頂点に達した時は、自分の頭の中で上の子を殴ったり、夜泣き中に「うるさい！」と蹴とばしたりしている自分が頭の中にいるんです。そして寝かしつけのトントンがどんどん強くなったり…。最近は上の子に手をあげてしまうこともあります。怒りが止まらなくて。これも私は悪くないと言い切っていいのでしょうか？…。私が悪いですよね!?

たまみ

大丈夫。よく言ってくれたねありがとう。まぁ自分を責めた方がラクなんだよね。私が悪いからこうなってる！　って思った方がラクだからそっちに逃げたくなる。そう思ってしまいたくなるのも分かるけど、**自分を責めて終わらせたところで良い方向には1ミリも進まない**。何故、自分がそこまで追い込まれているのかを考えていくのが大事。脳内で子どもに対してすごくひどいことをしているのがよぎること、これ私でも本当によくある。

あすか

え？　私だけじゃないんですか？…。ものすごくひどいことをしてしまうのが一瞬頭によ

ぎるんです…。

私はこれを【脳内虐待】と言っています。私もあすかちゃんと一緒で怒りが頂点に達したり、余裕がない時にこれが起きるのね。脳内で思いっきり頭を叩いていたり…。ここでは言えないレベルのことを脳内で子どもにしてしまったり…。

分かります。自分でも言葉に出すのが怖いくらいのことを頭の中でやっているのが、よぎるんです。これは一体なんなんでしょうか？

私が以前インスタグラムでこのことを発信したら、多くのママから「私も脳内で虐待しているのがよぎります…怖いです」と数えきれないくらいのメッセージが届いたのね。多くのママが自分だけがおかしいと思っていたみたいで。この脳内虐待のことを発信していたらその記事を見たCBCテレビのニュース番組「チャント！」が特集をしてくれました。その時に専門家の臨床心理士さんは脳内虐待のことを【防衛機制】という心の機能を守る働きだと説明してくれたの。

あすか

やっぱり何かしらの意味があるんですね。

たまみ

受け入れがたい苦痛を感じた時に無意識に軽減させようとする心理のことで、無意識に脳内で子どもに虐待をすることで、目の前の不安から逃げようとしている。いわば自分から「限界きてるよ～」という心のSOSだったんだよね。

あすか

SOSだったんだ…。

たまみ

だからね。脳内虐待をどう受け止めるかが大事なの。いっぱいいっぱいになった時はずっとこれまでも話してきたことを思い出してほしいんだけど。

✓ 決してママの人格や性格がダメとか、悪いというわけではないということ。自己否定で終わらせない。

✓ 自分が悪いんじゃなくて、その環境が自分をそこまで追い込んでいるということを認識する。

✓ 「大変だったね」とそんな自分も受け入れて一瞬でもいいから自分が逃げること離れること、ラクになることを自分優先で考える。

これをせずにずっと自分を否定ばかりしていると、
↓私はダメだ↓最低な母親だ↓母親になるべきではなかった↓私が母親じゃない方がこの子にとってはいいはずだ↓私はいない方がいい↓消えたい

という風に自分の存在価値すら分からなくなるの。だから自分を否定することは本当に怖いのよ。自分の価値が分からなくなって。いない方がいいとまで思ってしまうからね。

ママの笑顔がいちばん

あすか

正直言うと…私が今それです。私なんていない方がこの子たちにとって幸せなんじゃないかと…。

たまみ

しっかりとSOSを出してるね。本当に命がけだよ、産むのも育てんのも。安心しな。あすかちゃんは防衛機制を出してまで命を守ろうとしてたってこと！　すごいことなんだよ。大丈夫。**もう十分頑張ってる。**

あすか

私は頑張ってたんだ…。もう限界きてたんだ。

たまみ

うん。もう限界きてるよ。吐き出してくれてありがとう。自分の中だけでとどめないでこうやって吐き出すこともすごく大事だよね。

あすか

本当は…、大好きなんです、娘のことが…。でも私は娘に手をあげてしまいそうになりました…。うぅ。ごめんなさい…。大好きなのに…。

たまみ

大丈夫。生まれてきた時に産声を聞いて「たくさん叩いてやろう」と思って産んだ母親なんていないと思う。我が子に虐待をしたくて出産に挑む人なんていない。でも1人で抱えて自分に呪いをかけて自分を責め続けた子育ては本当に悲惨な結果になる。母であっても弱くていい。吐き出していい。自分を優先にしていい。むしろ母親だからこそ、自分を大事にしていい。私はそれが子育てで一番大事なことだと思う。ママがまずはママである自分を嫌いにならないこと。ママの笑顔がいちばんなんだって。

あすか

娘を嫌いになるために産んだんじゃない…本当は大好きなんです。ごめんなさい…。私がまずは私を愛することなんですね。

たまみ

もう十分頑張ってる自分をこれ以上責めないであげて。子どもたちが泣いたり笑ったりしてるのも全部あすかちゃんのこれまでの頑張りがあったからだよ。大丈夫。これからは自分が笑顔で子育てできることを一番に考えてほしい。

あすか

はい。そうですね…ありがとうございます。

たまみ

子どもたちにとってママがご機嫌で笑顔でいてくれることがどんな教育よりも最高の心の栄養だからね。そしてそれが結局夫婦仲の良さにもつながるのよ。

蓋を開けたらやっぱり夫婦仲

たまみ

私これまで2000人以上のママたちの相談を受けてきてさ、子どもにイライラしたりする子育ての悩みかと思ったら…深堀したら結局はそんな大変なことを1人で抱えこんでい

る環境に問題があったの。子育てで悩んでいると思ってた人のほとんどが、夫がいるのに分かり合えない、夫がいるのに孤独に感じる。そこにフラストレーションが溜まってることが多い。蓋開けたらやっぱり夫婦仲なんだよね。子育てというよりも他人である夫と**「共通の人物である子ども」**を育てることが一番難しいんだよね、まじで。

あすか

分かります!! 夫は羨ましいくらい楽観主義で、あまり物事を深く考えたり、悩みとかもあんまりなく…。いい意味でいい加減で生きてるというか。でもその加減が私には我慢できなくて。洗濯物畳んでくれててもやっぱりぐしゃぐしゃだし、「やっておいてね」と言っても忘れてたり、適当だったり。2人目生まれてもこの人は変わらないんだなって思ってしまって…。そこにイライラしてしまって、子どもへの当たりが強くなったりしてしまいます。

たまみ

夫婦ってバランス取れてますよね。自分とは違

う遺伝子を求めて、自分とは違うタイプの人を好きになるんでしょうね。我が家もまったく同じでどちらかというと私があすかちゃんの旦那さんより（笑）気にならないんですよね、細かいところまで。

あすか

そう！　気にならないみたいなんですよね…。いや気にしてよ！　って思うんですがやっぱり無理なんですかね？

たまみ

なんで気にならないし、やらないか分かる？

あすか

え？　なんでですか？

たまみ

自分の任務としてルーティン化されてないから。

あすか

うわぁ〜全然されてない（笑）

たまみ

多分本当に気にならないんだと思うんだよね。そもそも困ってないの。でももしどうしてもこれだけは絶対にやってもらいたいと思うなら、こと細かに行動を言語化して、「この洗剤をこのスポンジにつけて、食器を洗ってここに立てかけて、最後はスポンジを洗ってここに干す」みたいにすべての作業を言語化する。「言わないとやらない男」ではなく、「言ったらやってくれる男」と変換することが大事。そしてそれを彼の任務にしちゃうの。大事なのはもう完全に任せきること。中途半端にこの日はあなたがやる、この日は私がやるじゃなく、クオリティも含めて任せきるのが大事。日によって変えない。

あすか

なるほど…。全然任せきれてなくて、勝手に期待して、勝手に裏切られて、勝手にイラついてました。

たまみ

セルフスパイラル負傷ね（笑）旦那さんも最初は3割できればＯＫ！　そしてその任務は任せきる。大事なのはルーティン化までもっていくこと。やる日とやらない日があった

ら、結局やらないのよ。甘えるし、気にならないから。でももうルーティン化するまでは文句を言わずにやらせる。そうやって少しずつ任務をルーティン化できれば勝ち。まずは一つのことからはじめてみて。

あすか

意識してやってみます。

たまみ

でも一番大事なのは…。

子育ては自分自身が10割

たまみ

子育てって結局は夫婦仲、そしてそんな夫婦仲も結局はすべて自分自身。あすかちゃんにとって今一番大事なのは、自分をもっと大事に扱ってあげることだと思う。あすかちゃん自身が自分を大事にする子育てができれば、旦那さんに対しても見え方が変わってくる。

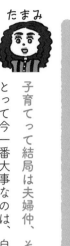

自分に厳しい言葉をかけている時ほど、相手にも厳しい言葉をかけてしまいたくなるから。
旦那さんはそこまであすかちゃんに求めているのかな？

あすか

求めていませんね…。

たまみ

求めているとしたら、ご機嫌なあすかちゃんでいてほしいってくらいかもね。ただそれって自分じゃないとできない。私の機嫌をとってよ！　私を幸せにしてよ！　なんてしてしまったらセルフスパイラル負傷してしまう。もっと自分の心の声に素直になってみてほしい。ダメなお母さんとか世間一般と比べなくていいから。あなたらしい子育てをすればいいの。

あすか

私らしい子育て…。

たまみ

そう！　自分を否定ばかりせず、後回しにばかりせず、他人基準じゃない自分基準の子育

て。まずはそこからはじめてみてほしい。きっと夫婦関係も変わってくる。そうすれば子どもに対してもぐっと変わるよ。

あすか

どんな感情も宝物だし、私は加湿器だし、私の人生は私が主役で、イライラしたら「人変だったね」って声かけて、自分の声に素直になる…。

たまみ

自分が幸せでなければパートナーも子どもたちもハッピーになるわけがない。すべて自分だよ。

あすか

まずは私ですね。…。とにかく環境整えて、頼れるとこ頼って、もう残業持ち帰らず、寝ます！　あと私がご機嫌でいれることを少しでもとりいれてみます。私以上に大事なものなんてないですもんね。私の笑顔がいちばん！

子育て思い通りにいかなくておめでとう

たまみ

いいね〜! ちなみにあすかちゃんにとって子育てのゴールってなに?

あすか

子育てのゴール…考えたことなかったけど、私自身お金がなくて大学にいけなかったんです。学歴にもコンプレックスがあるので、子どもには大学には行かせてあげたいし、勉強もできた方がいいと思ってるので、大学に行かせるまでがゴールかなって思ってます。

たまみ

なるほど…。じゃあお子さんが大学に行かなかったら…子育て失敗したとまた自分を責める?

あすか

まだまだ先のことなので分からないけれど、うーん責めてしまうかもな〜…。

たまみ

大学に行くことや親が思う立派な就職先につくことをゴールにしてもいいけど、子どもは自分ではない別の人間だから、親が思った通りにならないこともあるよね。その時にこう考えてほしいんだけど、**子どもの成長＝親である自分の評価ではないよ。**

あすか

え？　そうなんですか!?

たまみ

すべて子どもの成長や周りの評価＝自分の評価になってしまうと、子どもの成長が遅かったり、自分が思っていた進路や選択を選ばなかったり、成績が思うように伸びなかったりした時に、親が自分を責めて、さらに子どもをコントロールして、どうにか自分が思い描いている評価までに成長してほしいと親が頑張る。でも子どもであっても自分ではない人間だからこそ、思ったようにならないんですよ。そこが子どもの成長＝自分の評価になりすぎるとお互い苦しくなってしまうんだよね。

あすか

たしかに…。それはそれで苦しいかも。たまみさんにとっての子育てのゴールはなんですか？

たまみ

自立です。自分の力で自分の人生を豊かにしていくことができる人間になってほしい。それだけです。その幸せの形は子どもが思う幸せであればいいので、親が決めることではないと思ってます。私ができることって、子どものやってみたいを応援してあげるだけ。子どもは親の敗者復活戦ではないからね。

あすか

どんな進路でも職業でも応援できる？

たまみ

人に迷惑をかけない進路や職業であれば私は応援できるかな！　自分が思う幸せであれば、私がその幸せの形を決めるのはおこがましすぎる。子どもの職業や進路も大事だけど、それは私の人生のすべてではない。私は私の人生を一番楽しむし、子どもたちには子どもたちの人生がある。応援はするけれど、自分の人生くらい自分で主体性持って決めな！　って思うよ。冷たいかな？　応援はするし、軌道修正することがあれば手伝う。でも自分で行けってね。それが自立だと私は思ってる。

あすか

子どもの成長＝母親としての評価だから私が頑張らないとって思ってました。でもたしか

に私がそれを親にされたらきつかったかも…。

子育ては思い通りにいかなくておめでとう！　くらいがちょうどいいよ。子どもであっても血はつながっているけど別人格の人間だから。完璧に思うようにはいかなくて当たり前。全部こっちが準備してあげると、そのレールしか歩けない子になってしまうから。親は子どもがやることの応援団でいるくらいが距離感もちょうどいいのかも。自分の一部分ではないから。そして子どもにとってはただ笑ってくれているお母さんのほうが嬉しかったりするんだよね。

思い通りにいかなくておめでとう！　って最後は夫と泣いて笑って子育てふりかえりたいな〜。やっぱり私自身ですよね。最後はそこにかえってきますね。

親が言うことよりも、親の生き様を子どもはみてるよ。

頼れるものはすべて頼れ！　治療も子育て

たまみ

あと少しだけ大事なことを伝えるね。今後子育てをしていても、自分の力ではどうにもならない時だってあると思う。少しでも生活してて苦しいなって思ったら医療に頼ってもいい。自分だけで解決できないこともあるからね。

あすか

メンタルクリニックとかですかね…？　産後行った方がいいと保健師さんに言われましたがスルーしてしまいました。前の私はこんなことで体調崩さなかったのに…。とか思って後回しにしてました。

たまみ

私も最初はそうだった。でも私が笑ってないと、子どもたちが悲しむなって思ってメンクリに行ったよ。想像とはまったく違ったね（笑）　もっと早く行けば良かったって。婦人科でもメンクリでもどこでもいいんだけどさ。とにかく自分の不調を後回しにしない。**大事なのは今。**私たちが元気じゃないと子育てできないし、後回しにして取り返しのつかないことになる前に早めに行ったがいい。**歯医者と一緒。**

あすか

メンタルクリニックが歯医者と一緒なんですか？（笑）

たまみ

一緒です。鼻水がでたら耳鼻科に行くし、歯に違和感あったら歯医者に行くでしょ？ 放置すれば放置するだけ悪化する。それは脳も一緒。心っていうと性格とか人格とかって思って、自分の人格否定されてしまうのが怖いって思うけど、神経とか脳だから。歯医者と一緒で、痛くなる前に行って話を聞いてもらえばいい。とにかく心と体はつながっていて自分の健康を後回しにしたらあかん！

あすか

私は加湿器だから…。故障したら悲しむの家族ですもんね。

たまみ

そう。だから医療に力を借りてでも、メンテナンスをするのも立派な子育て。メンクリも健康診断も婦人科も歯医者もすべてね。**治療も子育てだよ。**

LOVE自分子育て

あすか

分かりました。最近寝れてないし…。ボーっとすること増えて…、希死念慮もでてきちゃったので勇気だして行ってきます。前の私と比べるんじゃなくて、今の私がどうあるのかで判断します！

たまみ

そう。前の自分にはどう頑張っても戻れないから。新しい自分になっているの。今の自分だけをみればいいんよ。今の積み重ねが未来！　今を蔑ろにして、未来が明るくなるわけがない。もし病院が合わなかったら次をみつけたらいいの。歯医者と一緒だから。

あすか

これからは自分を蔑ろにしない子育てをしていきます。

たまみ

そうだね。子育てってジェットコースターみたいでさ。私たち子育てジェットコースターに乗ってるわけよ。上昇したと思ったら急降下するし、カーブでまじで落ちそうになるし、

トンネル真っ暗で何も見えないし、本当感情の起伏が激しいジェットコースターに乗ってるんだけどさ。でもね、たまに見える最高の絶景があるんだよ。

あすか

絶景…ありますね。

たまみ

どうせならその絶景を「絶景だな」って思える自分でいたいよね。憎い相手ではなく。そのためには子どもをどうにかするのではなく、「絶景だな」って思える自分でいるためにどう自分を大事に扱っていくかなんだよ子育てって。

あすか

子どもたちというより私側が絶景にみえるコンディションをつくれるかどうかですね。どうせなら絶景だなって思って子育てしたいです。

たまみ

うん、私もだよ。愛って与えないと返ってこない。与えたらその分の愛がちゃんと返ってきて心が満たされる。でもそれってまずは自分が満たされてないとできない。くれくれちゃんで他人にばかり求めるんじゃなくて、まずは自分の機嫌を自分でとってあげられる自分でいる。自分のＳＯＳも無視しない。そうやって満たされてはじめて大事な人を大事に扱うことができるから。絶景を絶景だと思える自分になれると思うんだ。

あすか

今日駆け込んで本当に良かった。やっぱり死にたくない。生きて子どもたちの成長をみたいです…。こんな私だけど子どもたちを愛していきたい…夫と一緒に。

たまみ

大丈夫。1人じゃないから。いや孤独だと思ってしまうのも当たり前。みんな違うから孤独に感じても仕方ない。でもどんな理由であっても自分を責めないで。大丈夫。もう十分頑張っとるけん。

あすか

そうですね…。こんな言葉言われたことないので泣けてきます…。次は夫も連れてきていいですか？

たまみ

どうぞ♡　これが本当の父母学級ですから♡　でも今日みたいな駆け込み方はせんで（笑）
まじで寝て！　寝るのも子育て！　ＬＯＶＥ自分で♡　胸張っておやすみ～!!

あすか

ははは！　胸張って寝ますね。たまみさん本当にありがとうございました。胸張って絶景見てきます!!

戦友たちが、我が子と夫と自分自身の笑顔という絶景を大事にできますように。

嫌いにならない思考術これな

ママの笑顔がいちばん

- ☑ 子育て・夫婦関係を良くしたいなら、まずは自分の心を潤わせること。今日は自分をどう大事に扱ってあげるのかを常に意識してあげて
- ☑ どんな感情も宝物。ネガティブな感情を否定することが一番アウト
- ☑ イライラしたら「大変だったね」と頑張ってる自分自身に伝えてあげて
- ☑ 自分を犠牲にする子育てをして、子どもを幸せにすることはできない
- ☑ 弱くていい。吐き出していい。泣いてもいい。そのまんまで大丈夫
- ☑ 子育ては質より命！　ママ生きてるだけでありがとう

おわりに

おかえりなさい！
帰ってきてくれてありがとう♡
最後の最後に私の想いを書いて「これが本当の父母学級」をしめたいと思います。

ママはただパパと一緒に子育てがしたいだけなんです。
どうせ近い将来「あの時やっておけば良かった…」と子育て後悔するんですよ。
その時に、パパと一緒に泣いて笑って後悔したいだけなんだよね。

でも夫婦って近いからこそ本当にすぐこじれちゃう。これくらい分かるだろうと期待して、勝手に裏切られて、勝手に怒って、勝手に傷ついて。
大事なのは、子どもも夫も実の親も義理の両親も「私じゃない違う人間であること」を意識すること。

私の普通と相手の普通も違って当然。

傷つくレベルも癇に障ることも違って当たり前。

なんで分かってくれないの？　と思ったら距離感がバグってる証拠。


良し悪しをジャッジするんじゃなくて「この人は私ではない別の人間である」をどんな関係でも意識をもってみてほしい。


そしてね。

完璧に夫婦平等にするのは多分この先も難しいです。

でも「平等」は難しいけれど、「公平」ではありたい。

違いを受け止めてその時その時のバランスを見ながら、一方だけに偏りすぎず、補い合っていく。完全な平等を目指さないことも大事だなって思います。

そして最後に。
念をおして伝えるけど、夫婦も子育てもね、
結局はすべて自分自身を自分がどう扱えるかだと思います。

自分を否定しすぎず、環境に目を向けるのも、自分の機嫌を自分でとるのも、完璧を目指さないのも、今の自分で堂々とするのも、自分のトリセツを夫に素直に伝えるのも、「～すべき」「～じゃないとダメ」と自分への呪いを手放すのも、当たり前を疑うのも、自分を優しく扱ってあげるのもすべて、誰かが与えてくれるものではなく、自分自身が意識していくことなんです。

この本を読んでくれたあなたが自分の心を後回しにせず、しっかり自分を大事に大事に扱ってあげることができますように。

大丈夫。
どんなあなたでも大丈夫。
もう十分頑張ってるから、あなたの笑顔を優先して大丈夫。
我が子はあなたの幸せをいちばん願っているよ。
あなたの笑顔がいちばん！

ママ界のエンターテイナー　バブリーたまみ

期間限定：ダウンロード特典

本には収めきれなかった番外編第7話をダウンロードできます。

ご自宅のプリンターやコンビニエンスストアのマルチコピー機などから印刷してご利用ください。期間限定（2023年中）なので、くれぐれも忘れないようにお願いします！

ダウンロードはこちら

https://bit.ly/3lvUNfB

パスワード：lovejibun

第2話で登場したまいちゃんが、姑との関係を向上させた後、新たに発生した夫婦やママ友の悩みを、バブリーたまみに打ち明けます。番外編にはもったいないくらいのストーリーになっているので是非読んでくれるとうれしいです♡ それでは、いってらっしゃい！

本書の改訂・絶版およびホームページのメンテナンス・改修などの都合により、予告なくダウンロードができなくなったり、仕様が変更されることがありますので、 あらかじめご了承ください。

参考文献

・『妻のトリセツ』 黒川伊保子著　講談社　2018
・『夫のトリセツ』 黒川伊保子著　講談社　2019
・『アドバイスかと思ったら呪いだった。』 犬山紙子著　ポプラ社　2018
・『産後ママの心と体をケアする本』 池下育子, 宗田 聡, 原田優子, 吉岡 マコ 監修日東書院　2012

SpecialThanks!!

星涉　Voicyチャンネル：
「ジブン進化論」
Voicy対談はこちら↓

精神科医Kagshun
Voicyチャンネル：「精神科医の
ココロに効くラジオ」
Voicy対談はこちら↓

■はあちゅう　@ha_chu
ブロガー・作家

■ゆんぱか　@yunpaca00
4児ママ看護師

■エリーナ　@erina_8107_
夫婦の笑顔を増やす『愛させ力』専門家

■けんたす　@otto_aichi
夫婦系インスタグラマー

■おしゅん　@changedamedame
夫婦のモメゴト解決屋さん

著者紹介

バブリーたまみ

ママ界のエンターテイナー
2児のママ。SNS総フォロワー14万人。

8歳の時に母親が失踪、父子家庭で育つ。
その経験を通して、「ママである自分自身を犠牲にしすぎる育児はやめよう」「ママである自分をまずは大事にしよう」「ママの笑顔がいちばん」というメッセージを日本中のママ達に伝える活動をしている。

SNSやYouTube、音声ラジオVoicyなどで独自の世界を配信。オンラインサロンは延べ1400人以上のママ達が在籍。ママ・パパや子ども向けのイベントを全国で開催し、多方面で元気を拡散する活動をおこなっている。

キングレコードからメジャーデビューを果たし、アルバム『ママの笑顔がいちばん〜スーパーポジティブソングス！〜』
『ママ、いっしょに幸せになろうね〜爆笑サプリメントソングス！！』を発売。音声ラジオVoicy2022年ランキング子育て部門第1位。

出演メディア：NHK総合『ひとモノガタリ』、フジテレビ『ノンストップ！』フジテレビ『バイキングMORE』などがある。その他メディアにも多数出演。

自分と夫を嫌いにならない思考術　LOVE自分子育て

2023年6月30日　初版第１刷発行

著者　バブリーたまみ

イラストレーション　ドーリー
カバー　和全（Studio Wazen）
本文デザイン&DTP　（株）明昌堂

発行者　石井悟
発行所　株式会社自由国民社
〒171-0033　東京都豊島区高田3丁目10番11号
電話　03-6233-0781（代表）
https://www.jiyu.co.jp/

印刷所　大日本印刷株式会社
製本所　新風製本株式会社
編集担当　三田智朗